Zeit für Wien

Die Donaumetropole entdecken und genießen

BRUCKMANN

Inhalt

1 Erlesene Pralinen und Konfekt in der Kurkonditorei Oberlaa.
2 Herbert Koza, der charmante Maître im Roten Salon des Hotel
Sacher. **3** Die Hermesvilla im Lainzer Tiergarten schenkte Kaiser
Franz Joseph seiner Gemahlin Sisi, damit sie mehr im Land verweilt.
Hans Markart malte hier Fresken, die Shakespeares »Sommernachts-
traum« darstellen. Ob sich die Kaiserin wohl wie die Feenkönigin
Titania vorkam, die sich in einen Esel verliebte? **4** Eine Bratwurst ver-
zehrt man am besten mit einer scharfen Pfefferoni. **5** In Hans Holleins
»Haas Haus« residieren die Gäste des Hotels »Do & Co«.

Ein Prachtbau auf der Ringstraße: Das Kunsthistorische Museum birgt Weltklassewerke wie Pieter Bruegels »Bauernhochzeit.«

Wo k. u. k. für Kunst und Kultur steht
Weltstadt Wien – Lebensqualität und Lifestyle

Die Donaumetropole wurde schon mehrere Male zur »lebenswertesten Stadt« gekürt. Reisende finden hier ein einzigartiges Event- und Freizeitangebot vor: Dutzende Museen und Kirchen, 22 000 Hektar Grünfläche innerhalb der Stadt und eine Küche, die wirklich schmeckt. Besser könnte es gar nicht gehen.

Das internationale Beratungsinstitut Mercer zeichnete Wien in den Jahren 2009 und 2010 als »lebenswerteste Stadt der Welt« aus. Und das vor 221 anderen Metropolen. Was Wien so spitze macht, sind seine vorteilhaften wirtschaftlichen und sozialen Bedingungen, sein exzellentes medizinisches Versorgungssystem und sein gutes öffentliches Verkehrsnetz, seine vielfältigen Freizeitangebote sowie sein unvergleichlicher Wald- und Wiesengürtel.

Die Wiener können also zu Recht stolz auf ihre Stadt sein. Sie selber nehmen aber auch an jedem Detail im urbanen Leben Anteil. Ob das Blumenbeet auf dem viel befahrenen Gürtel wirklich gut gejätet ist, checken sie beim Vorbeisausen. Und wenn die Auslagenscheiben am Graben nicht richtig gut geputzt sind, fällt ihnen das auch auf. Ihre eigene Stadt lässt sie einfach nicht los: Zwei Damen ziehen da zum Beispiel im Schwimmbecken die Runden und unterhalten sich über eine gar knifflige Frage im Kreuzworträtsel: »Stadtviertel im 8. Bezirk, 13 Buchstaben. Wie könnte das denn heißen?« Hin und her überlegen sie, gehen in Gedanken den ganzen Bezirk ab, vom Rathaus die Josefstädter Straße hinauf, vorbei am Theater, über den Jodok-Fink-Platz, einen der schönsten Plätze von Wien mit der imposanten Maria-Treu-Kirche. Der Name für das »Grätzl« lässt sich jedoch nicht und nicht finden. Vielleicht fällt er ihnen erst dann ein, wenn sie selbst durch die verwinkelten Gässchen der historisch gewachsenen Vorstadt gehen und in der »Alten Backstube« aus dem Jahr 1701 auf einen Millirahmstrudel mit Vanillesoße einkehren. Wiens »Grätzeln« möbeln auf. Vom Freihaus- zum Karmeliterviertel, vom Franziskaner- zum Schleifmühlviertel ziehen diese ursprünglich alten Dörfer vor den Toren der historischen Innenstadt Reisende wie auch Besucher von anderen Bezirken an. »Grätzeln« umfassen manchmal nur einige Häuserblöcke und haben fließende Grenzen. Sie werden deshalb populär, weil in ihren Häusern und Hinterhöfen nette Lokale, Galerien und Bars aufsperren.

Wien schlummerte bis in die frühen 1980er-Jahre im Dornröschenschlaf dahin. Zu schwer lastete der eine Stunde vor der Stadt beginnende Eiserne Vorhang auf der Donaumetropole. Zudem war das kollektive Bewusstsein noch von unaufgeräumten, postfaschistischen Denkweisen geprägt, die eine Öffnung zu progressiveren Inhalten nur schwer möglich machten. Aber dann kam die »Waldheim-Affäre«, und die Stadt stellte sich ihrer Vergangenheit. Der Eiserne Vorhang wurde 1989 ebenfalls hochgezogen. Wien begann sich punktuell als »Event City« zu positionieren. Das »Bermudadreieck« um die Ruprechtskirche, Wiens ältestes Gotteshaus, und die Synagoge in der Seitenstettengasse verschlang jedes Wochenende Tausende von Jugendlichen, die auf der Suche nach gutem Bier und cooler Musik hier gekentert waren. Und auf einmal wurden sich die Wiener bewusst, welch großen Nachholbedarf sie hatten. Das Donauinselfest entlang dem neu geschaffenen Entlastungsgerinne startete im Jahr 1983 als musikalischer Versuchsballon. Mittlerweile werden jeden Juni auf einer Strecke von 6,5 Kilometern 27 Bühnen aufgezogen. Mit fast drei Millionen Besuchern avancierte das Donauinselfest zum größten Freiluftspektakel in ganz Europa.

Mit der Neujahrsnacht verhielt es sich ähnlich. Als Bürgermeister Helmut Zilk den Jahreswechsel 1989/90 in Wien verbrachte, musste er mit Schrecken feststellen, was die Stadt ihren Gästen zu Silvester bot: »Nur Hunger und Glasscherben.« Alle Restaurants ließen nach Weihnachten ihre Rollläden herunter. Wenn Reisende also an Mitternacht das Neue Jahr mit dem Klang der Pummerin am Stephansplatz einläuten wollten, fanden sie erstens nichts zu essen und zu trinken, und zweitens mussten sie aufpassen, dass sie nicht auf den Scherben von Flaschen ausrutschten, die fidele Wiener ins Stadtzentrum mitgebracht und dann fallen gelassen hatten. So entstand die Idee, einen Silvesterpfad durch die Innere Stadt anzulegen. Die Punschhütten hatten schon in der Adventszeit heiße Schwipsgetränke ausgeschenkt. Und nach und nach erkannten auch viele Gastbetriebe in der Inneren Stadt, dass sich bei 700 000 Besuchern ein beachtlicher Umsatz machen lässt. Da Musik im urbanen Leben eine zentrale Rolle spielt, stellte man auch zehn Bühnen an den besten Plätzen der Innenstadt auf.

Im Jahr 2001 kam dann noch das Museumsquartier dazu: 60 000 Quadratmeter für die Kunst in unmittelbarer Nähe vom »Kunsthistorischen« und »Naturhistorischen« und der Hofburg. Institutionen wie das Leopold Museum eröffneten hier, das die weltweit größte Egon-Schiele-Sammlung birgt, sowie das Museum Moderner Kunst Stiftung Ludwig, in dem die besten Werke österreichischer Nachkriegskunst ein Heim gefunden haben. Aber Besucher schätzen das Museumsquartier nicht nur wegen seines kulturellen Angebots. In der warmen Jahreszeit werden die Innenhöfe zum verlängerten Wohnzimmer. Dann liegen Studenten auf breiten Hofmöbeln herum

1 K.u.K. könnte auch für »Kaffeehaus und Konditorei« stehen: Besucher lukullischer Hochburgen haben die Qual der Wahl. Sollen sie sich für einen Gugelhupf, Punschkrapfen oder ein Plundergebäck entscheiden?
2 Das Treppenhaus des Kunsthistorischen Museums könnte einem monumentalen italienischen Palazzo entsprungen sein.

und lassen sich die Sonne auf den Bauch scheinen. Aber auch im Winter wird das MQ-Areal für die Freizeit genutzt. Sogar Eisstockschießen können Besucher des Areals, in dem Barock auf Cyberspace trifft.

In Wien tut sich jeden Monat etwas. Kaum eine Woche verstreicht, in der nicht irgendeine Veranstaltungsreihe stattfindet: von »wean hean«, dem Wiener-Lied-Festival bis hin zu den Tanzwochen, dem Jazz-Fest und den großen Wiener Festwochen, in dem ein wahres Feuerwerk an Theater- und Musikproduktionen über die Stadt hereinbricht.

Als die Habsburgermonarchie in Einzelstaaten zerfiel, galt Wien in den Bundesländern als Wasserkopf, dem Agrarprodukte zugeliefert werden mussten. Das Bild des Wasserkopfes mag auf den ersten Anblick vielleicht erschreckend wirken, doch der Kopf eines Landes kann nicht groß genug sein. Denn ein Hirn braucht ja viel Platz zum Denken. Im 21. Jahrhundert versucht sich Wien, auch als Zentrum für Wissenschaft und Forschung zu positionieren, als Plattform für kreatives Schaffen. Das »Institute of Science and Technology«, Österreichs erste Eliteuniversität, machte im Jahr 2008 im gleich vor der Stadt gelegenen Ort Gugging seine Pforten auf. Bis 2016 sollen hier 500 Spitzenwissenschaftler und Doktoranden ihre Arbeit aufnehmen. Der »Brain drain«, die Vertreibung der Intelligenz nach dem Zweiten Weltkrieg, war zu einschneidend gewesen. Einige Kinder der Stadt schrieben in Übersee Weltgeschichte. Carl Djerassi stellte zum Beispiel als Erster das Sexualhormon Norethisteron künstlich her und

1 Der Zuschauerraum der Wiener Oper hat eine tadellose Akustik.
2 Hoch zu Ross blickt Erzherzog Albrecht auf die Albertina, eine der
weltweit größten grafischen Sammlungen. 3 Jugendstilelemente findet
man an allen Orten. 4 Romantik pur – die lauschigen Parklauben der
Hermesvilla. 5 Das Museumsquartier ist immer für eine witzige Überra-
schung gut. 6 Eklektisch und dabei stilvoll gibt sich das Café »Phil«.

gewann somit den Wettlauf um die Erfindung der Anti-Baby-Pille.
Über Jahrzehnte nicht in der Stadt, hat der Wissenschaftler und
Schriftsteller jetzt mit ihr Frieden geschlossen. Auf einer ihm ge-
widmeten Briefmarke steht: »1923 geboren, 1938 vertrieben, 2003
versöhnt.« Als Zeichen wahrer Größe vermachte Djerassi der Albertina 69 Werke aus seiner Paul-Klee-Sammlung.
Die Eliteuni liegt im Wienerwald, in der grünen Lunge der Stadt. Auf
105 645 Hektar rankt er sich im Westen und Süden um die Stadt.
Keine andere Metropole auf der Welt verfügt über so ein großes
Naherholungsgebiet mit dichten, duftenden Wäldern, sanften Wiesen und Bergen, die sich bis auf 900 Meter recken. Wer hier jemals
spazieren ging und dann zum Beispiel eine Wanderung in den Green
Mountains im amerikanischen Bundesstaat Vermont antrat, wird
sich schmerzlich nach Wien zurücksehnen. Auf jedem Wanderweg

stehen Schilder, die zur nächsten Hütte weisen. Und nach einer halben oder dreiviertel Stunde bergauf und bergab gibt es dann allerlei Leckerbissen, die den durch die Sauerstoffzufuhr verursachten Hunger schnell stillen: Leberknödelsuppe, Bauernschmaus, Apfelstrudel und ein Viertel Weiß gespritzt machen auch die müdesten Knochen wieder munter.

»Eine Stadt kann man nicht essen«, sagt die Psychotherapeutin mahnend, wenn eine emigrierte Wienerin darüber nachdenkt, wieso sie beim Heimatbesuch alle traditionellen Delikatessen in sich hineinstopfen will. Und wer kann es ihr auch verdenken? Schließlich sehen die barocken Kirchenkuppeln wie gewundene Schlagobersgupfe auf einem Windgebäck-Baiser aus, und zu Weihnachten riecht das ganze Zentrum nach heißem Rum und Gewürzen.

Auch für jene, die das ganze Jahr hier leben, ist das »Papperl« (die Mahlzeit) ein wichtiges Lebenselixier. Schon in der Früh wird daran gedacht, was zu Mittag gegessen wird, und am Nachmittag stehen noch die Einkäufe für ein ordentliches Abendessen an. Zwischendurch liegen Verlockungen immer in Reichweite. Wiens Bäckereien haben in den letzten Jahren an vielen Standorten Filialen eröffnet. Bei U-Bahn- und Straßenbahnhaltestellen haben sie Verkaufsstände aufgemacht. Ein Punschkrapfen vom »Anker« und ein Rehrücken

vom »Felber« lindern den Heißhunger zwischendurch – von den diversen »Würstelständen« ganz zu schweigen. Und in den Hunderten Restaurants der Stadt wird sehr genau darauf geachtet, was in den Topf kommt. Nur das feinste Rindfleisch für den Tafelspitz und die aromatischste Powidl-Marmelade für die Germknödel.

Zudem beachten die Wiener auch eine bestimmte Gourmet-Etikette. In Betrieben ist das Essen so heilig, dass sich Mitarbeiter bereits ab neun Uhr morgens mit »Mahlzeit« begrüßen. Zugegeben, ein etwas übertriebener Brauch. »Mahlzeit« ist auch das magische Wort, das den Genuss von »Sturm«, jenem teilvergorenen, milchigen Jungwein bestimmt. Wiener dürfen ihren Trinkpartnern nicht »Prost« zurufen, wenn sie im Frühherbst den süßen, spritzigen und sofort berauschenden Rebensaft trinken. Er darf nur in der linken Hand gehalten werden, und anstoßen ist ebenfalls untersagt. Erst zum Martinifest am 11.11. wird er »getauft« und dann normalisieren sich die Trinksitten wieder. Der Ursprung dieses Brauches ist unklar. Vielleicht ein Aberglaube, damit der Wein nicht zum Sauerampfer wird?

Bewohner der Stadt begegnen Reisenden oft mit ausgesuchter Höflichkeit. Ist es noch ein Erbe der Kaiserzeit, dass Titel eine wichtige Rolle spielen? Der »Herr Ingenieur« hat gerade einmal sein Abitur in einer technischen Fachrichtung gemacht, runzelt aber die Stirn,

1 Edle Weine wachsen auf den Berghängen des Wiener Waldes. **2** Für ein paar Austern muss am Naschmarkt immer Zeit sein. **3** »Schanigärten« nennen sich die Restaurantterrassen im Freien. **4** Klassisches Wien: Kaffee, Kipferl und das obligatorische Glas Wasser. **5** Eine Versuchung wert: die Desserts der Stadt. **6** Beim Würstelstand verbreiten Käsekrainer und Bratwürste einen würzigen Duft.

wenn man seine Anrede vergisst. Frauen in einem gewissen Alter, die am Standesamt promovierten, bestehen darauf, mit »Frau Doktor« angesprochen zu werden. Aber manchen Verkäufern und Verkäuferinnen kommt es gar nicht in den Sinn, eine Kundin überhaupt zu siezen. Nur die dritte Person ist erlaubt. Bei Nachbestellungen wird deshalb die auch Frage gestellt: »Darf es noch etwas sein, die Dame?«

Die Wiener haben jedoch eine zärtliche Beziehung zu Objekten, die sich im Laufe des Stadtlebens verdient gemacht haben. Als die Straßenbahnlinie 65 in ein neues Streckennetz überführt und als Nummer 1 wiedergeboren wurde, sagten ihre Schaffner mit einer zentralen Durchsage Lebewohl: »Der Bahnhof Favoriten verabschiedet sich von der 65er-Linie. Viel Glück im neuen Leben!«

Nur auf dem Fußballplatz lassen Wiener überschüssige Energie raus. Das Lokalderby Rapid gegen Austria erhitzt die Gemüter. Wer

Schimpfwörter im Wiener Dialekt lernen will, sollte das Gerhard-Hanappi- oder das Ernst-Happel-Stadion besuchen. »Renn doch, du Ohrwaschelkaktus!« ist noch eine feine Ausdrucksweise. »Hau di üba d'Heiser, du Karachl« fällt schon etwas deftiger aus. Beim Fußball werden die Wiener zu Zweckpessimisten. »Rapid spielt diese Saison echt schlecht«, meint da ein eingefleischter Fan, hofft jedoch inständig, dass die Hütteldorfer bis zum Ende des Jahres wieder »ein Leiberl reißen«.

Auf dem Fußballplatz nähern sich auch Kulturen an. Wenn ein Spieler schon Yasin Pehlivan heißt und zum ›Toto Jungstar‹ gekürt wurde, dann kann er doch nicht einfach als »Ausländer« abqualifiziert werden. Und auch im Gemeindebau kommen sich z.B. eine waschechte (d.h. in den 1930er-Jahren als Dienstmädchen aus Kärnten zugewanderte) Wienerin und ein türkischer Migrant näher. Sie sind beide schon in Pension und sitzen auf der Parkbank in der Sonne. Sie beginnen ein Gespräch und erzählen sich gegenseitig über die Familie. Über die Tochter, die am Stadtrand lebt, über das Enkelkind, das so gern Saxofon spielt, und über die Frau, die krank zu Hause liegt. Und schon kennen sie sich besser, und beim nächsten Mal steckt die Dame dem Enkelkind des Nachbarn zehn Euro für das gute Zeugnis zu.

Verzehrte Schnitzel in Wien seit 1. Jänner

19 136223

K. u. K. Hofbarbier

Gegr. 1869

1 Im Altweibersommer lesen Besucher des Stadtparks auf einer Bank. **2** Straßenbahnschilder gibt es noch aus der Kaiserzeit. **3** Die »Toboggan« im Prater ist die älteste Holzrutsche der Welt. **4** Die Konfiserie »Dürnberger« in der Neubaugasse fertigt ihre eigenen Rumpastillen. **5** Die Lieblingsspeise vieler Wiener: das Schnitzel. **6** Ob der Barbier wohl »Figaro« heißt? **7** Pferde mit Paradestammbaum: Die Lipizzaner.

Wien ist eine Wohlfühlstadt. Wohl auch weil die Metropole schon seit Jahrzehnten »rot« ist. Die sozialdemokratische Stadtregierung hat darauf geachtet, dass die Fahrpreise für öffentliche Verkehrsmittel moderat, das Essen auf Rädern für Senioren mit Mindestpension erschwinglich und die Extrawoche im Spital zum Auskurieren einer Krankheit selbstverständlich bleiben. Und dass die Parks, Bäder, Theater und Konzerthallen in Schuss gehalten werden. In der satirischen Fernsehsendung »Wir sind Kaiser« kam einst H.C. Strache, Bundesvorsitzender der ultrarechten FPÖ, auf Besuch bei Majestät Robert Heinrich I. Er erklärte, wie er in Wien einiges ändern würde. Daraufhin schaute ihn »Kaiser Robert« nur mal lange an und fragte dann bei seinem Hofkanzler nach, an welcher Stelle Wien in Sachen Lebensqualität denn läge. Als man dem »Kaiser« die Pole-Position bestätigte, fragte er Strache nur ungläubig: »Und das will er ändern?«

Auch Fiaker brauchen manchmal eine Ruhepause:
Hier erholen sich die Kutscher gerade bei einem schnellen Schnapser.

Rund ums Sacher
Die Kärntner Straße – verkehrsfreie Flaniermeile

Auf der ehemaligen Spielwiese der Aristokratie wird Tradition großgeschrieben, ohne dabei verstaubt zu wirken. Seit jeher regieren Frauen das vornehmste Hotel der Stadt.

Der silber gelockten Dame im braunen Nerzmantel entgeht nichts. Mit amüsiertem, jedoch leicht strengem Blick mustert sie die illustren Gäste, die in ihrem Haus ein- und ausgehen. »L'hôtel, c'est moi«, soll Anna Sacher (1859–1930) einmal gesagt haben. Fast 40 Jahre lang lenkte die Grande Dame des österreichischen Gastgewerbes die Geschicke des berühmten Wiener Hotels. Kaiser und Kronprinzen, Künstler und Karrierepolitiker trafen sich allesamt im Hotel Sacher. Noch heute liest sich die Gästeliste wie ein »Who's who« der Weltgeschichte: Königin Beatrix von Holland, Bill Clinton, Kofi Annan – sie alle schätzen das historische Flair des Hotels. Von ihrem Porträt über der Portierloge wacht Anna Sacher darüber, dass alles wie am Schnürchen funktioniert. Ihr Blick spornt die beiden Concierges besonders an.

Das »Sacher« nimmt einen ganzen Häuserblock an Wiens exklusiver Einkaufsmeile, der Kärntner Straße, ein. Es eröffnete im Jahr 1876, ein Jahrzehnt nachdem hier die mittelalterliche Stadtmauer abgerissen wurde und sieben Jahre nachdem die Wiener Oper auf der gegenüberliegenden Straßenseite ihren Betrieb aufgenommen hatte. Der Name »Sacher« war zu diesem Zeitpunkt bereits international ein Begriff. Annas Schwiegervater Franz, ein Kochlehrling im Dienste des Fürsten Metternich, hatte eine Schokoladentorte mit Aprikosenfüllung (auf Wienerisch: Marillenmarmelade) erfunden, die bald in aller Munde war. Als er sein eigenes Delikatessgeschäft ganz in der Nähe des heutigen Hotels eröffnete, schätzte bald auch Kaiserin Elisabeth die Torte ganz besonders. Franz' Sohn Eduard servierte sie zuerst im eigenen Restaurant, und bald schon war sie auch im Hotel das bevorzugte Dessert.

Das ist auch heute noch der Fall. Das »Sacher« hat eine kulinarische Erlebniswelt rund um die berühmte Torte angelegt. Da wäre zum einen das Café, in dem Besucher das exklusive Ambiente erleben können, ohne selbst Gast im Hotel zu sein. Schlemmer genießen die nach Geheimrezept zubereitete Spezialität mit Schlagsahne (Schlagobers, wie man in Wien sagt) unter Kronleuchtern. Eduard

1 Auf der Kärntner Straße nehmen sich Einkäufer Zeit zum Flanieren. **2** Genuss pur: ein Stück Sachertorte mit Schlagobers. **3** Der Sekt steht auf der Terrasse des State-of-the-Art-Gästezimmers bereit. **4** In der traditionell-luxuriösen Lobby des »Sacher« liegen Zeitungen aus aller Welt auf.

Sacher richtete in seinem Hotel im späten 19. Jahrhundert mehrere Chambres séparées ein. In diesen privaten Salons konnten Adelige und Großbürger ungestört soupieren und kokettieren. Die Séparées sind inzwischen in zwei Restaurants, eine Bar und mehrere Banketträume umgewandelt worden. Wandbespannungen in verschiedenen Farbtönen verleihen diesen Räumlichkeiten eine besondere Note. Bordeaux, die Hausfarbe des Hotels, durchzieht die »Rote Bar«. Hier serviert Oberkellner Herbert Koza gediegene Wiener Spezialitäten wie Tafelspitz mit Apfelkren und Schnittlauchsoße. Stammgäste kommen immer gern wieder. In der »Blauen Bar« neben der feudalen Lobby mit der Glasmosaikdecke setzte sich Leonard Bernstein häufig ans Klavier und improvisierte. Das ganz in Smaragdgrün ausgelegte Restaurant »Anna Sacher« interpretiert die österreichische Küche neu. Die traditionelle Kohlrabischaumsuppe serviert man hier mit Froschschenkeln, zu Brust und Keule vom Stubenküken gibt es Stangensellerie und Lindenblüten.

Die ersten vier Stockwerke des Hotels stammen noch original aus der Gründerzeit, wie das späte 19. Jahrhundert in Österreich genannt wird. Die Zimmer und Suiten sind mit Antiquitäten und wertvollen Kunstwerken bestückt. 1000 Bilder und Skulpturen umfasst die Sammlung des Hotels. Wenn Gäste Glück haben, kann es schon

sein, dass sie einen Klimt, Faistauer oder Waldmüller für die Zeit ihres Besuches »ihr Eigen« nennen können.

Wie einst vor hundert Jahren lenkt auch heute wieder eine Frau die Geschicke des Hauses: Elisabeth Gürtler übernahm 1990 die Führung des Hotels für ihre damals noch minderjährigen Kinder. Ihre Schwiegereltern hatten das »Sacher« 1934 von Anna Sachers Nachfahren erworben. Im neuen Millennium gelang Elisabeth Gürtler eine Herkulesleistung: Sie ließ dem altwürdigen Gebäude zwei weitere Stockwerke aufsetzen und gewann damit 43 *State-of-the-art*-Zimmer und -Suiten, die zum Teil über Terrassen verfügen. Von dort genießen Besucher einen herrlichen Ausblick auf Oper, Hofburg, Votivkirche und Stephansdom. Sie können den Staatsopernchor bei Proben belauschen oder die Menschen auf der autofreien Kärntner Straße beim Flanieren beobachten. Gemeinsam mit dem französischen Designer Pierre-Yves Rochon erarbeitete die Chefin des Hauses das Motto für den Umbau: behutsame Modernisierung, ohne die Tradition zu vergessen. Das Mobiliar in den weitläufigen Räumen ist daher historischen Originalen nachempfunden, Stuck wurde jedoch nur ganz schlicht und sparsam eingesetzt und auf Kristallüster wurde gänzlich verzichtet. Neu ist das »Sacher Spa«, in dem die Gäste sich – wie könnte es anders sein – auch mit den »Sacher

1 Charmant und hilfsbereit: die Concierges des Luxushotels. **2** Zeit für einen schnellen Imbiss im Sacher-Eck. **3** Von der traditionellen Gästesuite genießen Besucher den Blick auf die Staatsoper. **4** Vornehme Gäste aus der ganzen Welt steigen im »Sacher« ab. **5** In der »Roten Bar« wird der Aperitif eisgekühlt serviert, hier von Maître Herbert Koza. **6** »Plauschen« nennt man in Wien einen gemütlichen Tratsch.

Time to Chocolate«-Massagen und Beauty-Behandlungen verwöhnen lassen können.

Auch die Nachfolge ist im »Sacher« schon geregelt. Elisabeth Gürtler bezieht ihre Kinder Georg und Alexandra ins Tagesgeschäft mit ein. Alexandras *brainchild* ist das »Sacher-Eck« an der Kärtner Straße, in der sich die junge Wiener Schickeria auf ein Glas Champagner und ein Gänseleberbrioche bei Chill-out-Musik trifft.

Wer eine Aufführung in der Wiener Staatsoper erleben und nicht Unsummen für eine Eintrittskarte ausgeben will, sollte sich ein bis zwei Stunden vor der Vorstellung eine Stehplatzkarte kaufen. Damit erlebt man die Wiener Opernszene hautnah. Einige Musikliebhaber kommen Abend für Abend hierher. Haben sie einmal die Karte in der Hand, rasen sie auf den Parkettstehplatz und binden einen Schal an das Geländer, um ihren Platz zu markieren. Und dann be-

ginnt das Fachsimpeln: Die Frage etwa, ob die Netrebko in der letzten »Bohème« auch wirklich das hohe C erreicht hat, löst heftige Debatten aus.

Die Wiener Philharmoniker eigenhändig dirigieren können Musikliebhaber im »Haus der Musik« an der Seilerstätte, einer Parallelstraße zur Kärntner Straße. Sobald Besucher den virtuellen Taktstock zu schwingen beginnen, regen sich die Virtuosen auch schon auf. »Was soll das«, schimpfen sie da vom Bildschirm. Dagegen hilft nur eines: Üben, üben, üben – und sich vom Werk der Komponisten inspirieren lassen, die Wien ihre Heimatstadt nannten. Dieses ist im interaktiven Klangmuseum eindrucksvoll dokumentiert. Besucher unter zehn Jahren finden das »Sound Lab« besonders cool. Hier experimentieren sie mit ungewöhnlichen Instrumenten oder begeben sich auf eine Zeitreise zurück in den Mutterleib und lauschen den schallgedämpften Klängen *in utero*.

Bummelt man die Kärntner Straße entlang, glitzert einem linker Hand auf Nummer 26 der Laden von J. & L. Lobmeyr entgegen. Diese Glasmanufaktur fertigt schon seit 1832 Lampenschirme, Flaschen und Gläser. Sie stellte auch bei der Pariser Weltausstellung im Jahr 1867 aus, auf der Eduard Sacher eine Bierhalle betrieb. Dort war man *chez soi*, zu Hause. Der Gastronom bestellte später bei

Lobmeyr die Kristalllüster für sein Hotelrestaurant. Der große Coup gelang der Firma jedoch 1966, als sie die »Sputnik«-Lüster für die Metropolitan Opera in New York kreierte. Das Geschäft birgt ebenfalls ein Glasmuseum, das die schönsten Stücke aus der Produktion vereint.

Adolf Loos (1870–1933), jener ornamentfeindliche Architekt, der der Moderne den Weg bereitete, schuf für Lobmeyr eine äußerst schlichte Serie von Trinkgläsern, die für das 20. Jahrhundert formgebend sein sollte. Wer Loos' Werk besser kennenlernen will, sollte einen Abstecher in eines seiner bis heute erhaltenen Interieurs in der Kärntner Straße 10 machen. Ein Glasmosaik mit der Aufschrift »American Bar« prangt da über dem Eingang. Dieses kleine Refugium stammt aus dem Jahr 1908. Es beweist, dass Loos zwar gegen das Ornament wetterte, in seinen Innenräumen auf Behaglichkeit jedoch nicht verzichtete. Er verwendete hier viel Holz, Marmor und Onyx. Gäste machen es sich auf den bequemen schwarzen Lederbänken bei einem Wodkatini gemütlich. Besonders heimelig wird es abends, wenn der ganze Raum in goldenes Licht getaucht ist. An der Wand hängt das Porträt des Kaffeehausliteraten Peter Altenberg (1859–1919). Altenberg war mit Loos eng befreundet und hätte Spaß an dem regen Treiben in der Bar gehabt.

1 Kristallpalast auf der Kärntner Straße: für LiebhaberInnen von Designer-Bijoux. **2** Seit den 1990er-Jahren ist das Tiroler Traditionsunternehmen ultramodern. **3** Lobmeyr-Kronleuchter zieren sogar die Metropolitan Opera. **4** Im »Haus der Musik« können Kinder ungewöhnliche Instrumente ausprobieren. **5** Das interaktive Klangmuseum gibt auch Einblick in die Welt von Mozart und Co.

Die Swarovski-Kristallwelt in der Kärntner Straße 24 steht dem Lobmeyr-Geschäft in Sachen Funkeln um nichts nach. Hier entstand eine multimediale Glitzerwelt, in der das Tiroler Paradeunternehmen seinen Strassschmuck und seine Kristalltierchen in modernem Rahmen präsentiert.

Biegt man von der Kärnter Straße in die Weihburggasse ab, gelangt man auf einen der schönsten Plätze Wiens. Hier schmiegen sich Barockhäuser eng aneinander. In der warmen Jahreszeit sitzen Künstler und Musiker im Straßengarten des »Kleinen Cafés«, dem wirklich kleinsten Café der Stadt. Das Lokal kam in dem Kultstreifen »Before Sunrise« mit Julie Delpy und Ethan Hawke zu Filmehren. Die Franziskanerkirche am Platz ist reich mit Barockengeln und Figuren bestückt. Hier ertönt Wiens älteste Kirchenorgel aus dem Jahr 1642. Obwohl er ultramodern gestaltet ist, fügt sich der Gourmettempel »Artner am Franziskanerplatz« harmonisch in das historische Am-

1 Bei Artner am Franziskanerplatz speisen Gäste in einem alten Kellergewölbe. **2** Spitzenweine aus Carnuntum gehören zu Artners Repertoire. **3** Holz, Marmor und Onyx verwendete Adolf Loos für die »American Bar«. **4** Ein Ehebett für die Ewigkeit in der Kapuzinergruft.

biente ein. Vornehm-schlicht ist das Lokal ganz in Weiß und Beige mit silbernen Akzenten gehalten. Dünne weiße Stäbe – das einzige Ornament im Raum – unterteilen den Speiseraum im oberen Geschoss auf luftige Art. Besitzer Markus Artner stammt aus einer Winzerfamilie aus dem Marchfeld östlich von Wien, die schon vor der ersten Türkenbelagerung im Jahr 1529 Wein anbaute. Das Lokal dient denn auch als Vinothek. Hier werden feine Tropfen vom exzellenten Familiengut sowie von verwandten und befreundeten Winzern serviert. Über 1000 Flaschen stapeln sich im glasverkleideten Stiegenabgang. Durch die chice Bar »Cocoon«, die nach ihrem avantgardistischen Lüster benannt ist, geht es in die alten Kellergewölbe, in denen früher vielleicht auch einmal Wein aufbewahrt wurde, die jetzt aber zum eleganten Diningroom umfunktioniert wurden. Chefkoch Maximilian Aichinger serviert vier- und sechsgängige Menüs, von denen jedes einzelne Gericht auch à la carte bestellt werden kann. Seine berühmteste Schöpfung sind Dotter-

ravioli auf Blattspinat mit Madeirasoße und Trüffeln. Schweinebauch setzte er auf »Haute Cuisine«-Niveau: in Zitronensaft mariniert, auf niedriger Temperatur gegart und knusprig angebraten.

Parallel zur Weihburggasse verläuft die Himmelpfortgasse. Hier eröffnete Francesca von Habsburg eine Galerie. Das Mäzenatentum liegt der Tochter von Stahlbaron Hans Heinrich Thyssen Bornemisza im Blut, besaß ihr Vater doch die zweitgrößte Kunstsammlung in Europa. Nur die Königin von England konnte ihn noch überbieten. In ihrer Galerie »Thyssen Bornemisza Art Contemporary« stellt die »Schwiegerenkelin« des letzten österreichischen Kaisers Werke von jungen, aufstrebenden Künstlern aus, die sich aufgrund ihres unkonventionellen Ansatzes schwer in Kategorien einordnen lassen. Die erlauchten Ahnen ihres Mannes fanden derweil in der Kapuzinergruft am Neuen Markt ihre letzte Ruhestätte. Als Zeichen ihrer Bescheidenheit im Angesicht des Herrn ließen sich die Habsburger in der Kirche des Bettelordens begraben. Ein Kupferabbild von Maria Theresia thront jedoch noch immer auf einem riesigen, reich verzierten letzten Bett und blickt auf ihren Ehemann, Franz Stefan von Lothringen. Der soll im irdischen Leben viel mit Ballettmädeln herumgeturtelt haben. Hier kann ihr sein ehernes Abbild jedoch nicht mehr entkommen.

Zeit für die Kärntner Straße

Sehen und Erleben

Staatsoper, Opernring 2. Das Opernhaus in all seiner Pracht erlebt man am besten bei einer Aufführung (1. September bis 31. Mai). Über Führungen und das Staatsopernmuseum in der Hanuschgasse informiert: www.wiener-staatsoper.at

Haus der Musik Seilerstätte 30. Modernes, interaktives Klangmuseum, für Kinder besonders interessant. Der historische Teil informiert über berühmte Wiener Komponisten. www.hausdermusik.com

Thyssen Bornemisza Contemporary Art, Himmelpfortgasse 13, 2. Stock. Francesca von Habsburgs Galerie für Gegenwartskunst. www.tba21.org

Kapuzinergruft, Tegetthoffstraße 2. Die Habsburger Monarchen ruhen hier in prachtvollen Särgen. www.kaisergruft.at

Übernachten

Hotel Sacher***, Philharmonikerstraße 4, Tel. 0-1-514560. www.sacher.com.** Wiens berühmtestes Hotel wurde vor Kurzem um 43 Hotelzimmer und Suiten in zwei Dachgeschossen erweitert, die zum Teil über Terrassen mit herrlichem Blick über Wien verfügen. »Sacher Spa« mit »Time to Chocolate«-Treatments. Die Tortenverkostung im Café ist ein Muss.

Hotel Kaiserin Elisabeth**, Weihburggasse 3, Tel. 0-1-515260. www.kaiserinelisabeth.at.** Stilvolles, ruhiges Hotel mit großen Zimmern.

Essen und Trinken

Artner am Franziskanerplatz, Franziskanerplatz 5, Tel. 0-1-535034. Gestylter könnte ein Restaurant selbst in New York nicht sein. Hervorragende Weinliste aus dem Marchfeld. Kreative Speisen. Preisgünstige Mittagsmenüs.

American Bar, Kärntner Straße 10, Tel. 0-1-5123283. Art-déco-Bar, gestaltet von Adolf Loos.

Shopping

Lobmeyr, Kärntner Straße 26. Diese Glasmanufaktur mit angeschlossenem Museum ist seit 1832 in Betrieb.

Swarovski Wien, Kärntner Straße 24. Strassschmuck und Kristalltierchen in modernem Glitzerambiente.

U-Bahn-Stationen

U1, U2, U4, 1, 2, 62, D, Badner Bahn (Karlsplatz-Oper).

Tipp der Autorin

Neben Sachertorte empfiehlt sich die neueste Kreation des Hauses, der Punschwürfel.

Das teuflische Herz der Stadt
Auf dem Stephansplatz – von Bischöfen und Beelzebuben

Viele Sagen ranken sich um den Stephansplatz, das Stadtzentrum von Wien. Nachdem ihn einst die Türken erfolglos einzunehmen versuchten, ist das Hotel mit dem schönsten Blick auf die Kathedrale heute fest in austro-türkischer Hand.

Der Teufel hatte in Wien schon immer die Hand im Spiel. So brachte er zum Beispiel den Stephansdom um einen zweiten großen Turm. Der Legende nach hatte Steinmetzmeister Hans Puchsbaum nämlich einen Pakt mit dem Fürsten der Finsternis geschlossen. Nach der Fertigstellung des 137 Meter hohen Südturms im Jahr 1433 wollte der ambitionierte Handwerker den Nordturm 1511 innerhalb eines Jahres aus dem Boden schießen lassen. Nur wenn er diese Aufgabe erfüllen konnte, sollte ihm die Hand seiner Geliebten zuteil werden. Während dieses Jahres verbat ihm Luzifer jedoch, die Namen von Heiligen auszusprechen. Als Puchsbaums Angebetete eines Tages beim Dom vorbeispazierte, rief er voller Freude: »Maria!« – und schon fuhr der arme Kerl mit Krach und Donner zur Hölle.

Der Platz, auf dem der Stephansdom majestätisch thront, war seit jeher ein mystischer Ort. Die Römer, die Wien im ersten nachchristlichen Jahrhundert besiedelten, hinterließen in ihrem ehemaligen Lager steinerne Fruchtbarkeitssymbole in Form einer Vulva und eines Phallus, die die Erbauer der Kirche tatsächlich in den Türmen in der Westfassade integrierten. Besucher müssen nur ihren Blick unterhalb der beiden Uhren beim Haupttor wandern lassen, um die so gar nicht christlichen Symbole zu entdecken. Die frühen Kirchenväter dachten, dass sie damit die heidnischen Götter in Stein bannen könnten. Das Riesentor, der heutige Haupteingang zur Kathedrale, wurde in der ersten Hälfte des 13. Jahrhunderts nach der Formgebung der Romanik gestaltet. Fest wie eine Wehrburg prangt es da. Es verweist ebenfalls auf den Kampf zwischen Gut und Böse. In der linken Reliefreihe stoßen ein Mönch mit Kapuze und ein gehörntes Teufelchen die Köpfe zusammen. Der Mönch hält einen dicken Strick in der Hand, mit dem er dem Teufel jederzeit eins drüberhauen kann. Wenn man diesen Strick genauer betrachtet, erkennt man ebenfalls eine Phallusform. Damals wie heute veranschaulicht die katholische Kirche bis ins kleinste Detail, dass die Macht in ihrer Organisation in Händen der Männer liegt. Darauf,

1 Minimalistischer Luxus in der Lobby des gestylten »Do & Co«-Hotels. **2** Hans Holleins spektakuläres gläsernes Haas-Haus spiegelt sich in alle Richtungen. **3** »Do & Co« versteht sich besonders auf die Zubereitung von »Amuses-bouche«. **4** Der Bundesadler und das Wiener Wappen zieren das Dach des Stephansdoms.

dass es im 20. Jahrhundert auch eine Schlacht mit den dunklen Mächten auszufechten galt, deutet eine Inschrift in der Mauer rechts neben dem Riesentor hin. »O5« steht da kryptisch. Dies war ein Kürzel des österreichischen Widerstands gegen das Nazi-Regime. O stand für sich selbst und 5 für E, den fünften Buchstaben im Alphabet. Damit signalisierten die Kämpfer, dass sie sich für die Wiederauferstehung eines freien »OEsterreich« einsetzten.

Betritt man einmal den Kirchenraum, wird klar, worum es den Baumeistern der Gotik ging: durch Strebepfeiler, Spitzbogen und Rippengewölbe einen Raum zu schaffen, der in die Höhe strebt und den Menschen auf diese Weise Gott näher bringt. Außerdem wussten die Architekten genau, wie sie mit Licht umzugehen hatten. Zwar sind nurmehr wenige Teile der Buntglasfenster original aus dem Mittelalter erhalten, doch veranstalten auch die Scheiben späteren Datums ein beeindruckendes Spiel mit den Sonnenstrahlen im weihraucherfüllten Gotteshaus. Die Erbauer des Doms orientierten die Kirche am Stand der Sonne am 26. Dezember. Dies ist der Festtag des Heiligen, dem der Dom geweiht ist, und wird in ganz Österreich als Stefanitag zelebriert.

Noch bevor man durch das riesige Gitter in den Chorraum gelangt, sticht die kunstvoll gemeißelte spätgotische Kanzel ins Auge, die aus Hunderten filigranen Verstrebungen besteht. Auf dem Kanzelkorb starren die steinernen Gesichter der vier Kirchenväter Augustinus, Ambrosius, Gregor und Hieronymus schon seit Jahrhunderten die Gläubigen an. Unterhalb der Kanzel hat sich der unbekannte Meister des gotischen Juwels mit einem Selbstporträt

verewigt. Ihm haben die Wiener denn auch liebevoll den Namen »Fenstergucker« gegeben.

Für Kinder kann der Stephansdom ebenfalls zu einer Erlebniswelt à la Harry Potter werden. Magisch zieht es sie in die muffigen Katakomben. In der schummrig beleuchteten Totenwelt kriegen sie leicht eine Gänsehaut. Geführte Gruppen gehen an Kupfersärgen vorbei und erfahren, dass diese so hermetisch versiegelt sind, dass die darin enthaltenen Bischofsleichen niemals verwesen.

Einen herrlichen Blick über ganz Wien genießen Besucher vom Südturm aus, im Volksmund »Steffl« genannt. Hier lassen sie den Blick vom Kahlenberg und Leopoldsberg über die Donau zum Riesenrad schweifen. In der Habsburgermonarchie durfte kein Gebäude höher sein als dieser Turm. Der Aufstieg ist nicht gerade einfach – 343 Stufen auf einer sich nach oben verjüngenden Wendeltreppe gilt es zu bewältigen.

Jedes Wiener Kind lernt in der Grundschule, dass die Türken vorhatten, eine Halbmondfahne auf dem Stephansdom zu hissen. Das ist ihnen nicht gelungen. Eine Ironie des Schicksals: Das Hotel mit dem schönsten Blick auf den Dom ist heute fest in austro-türkischer Hand. Besitzer Attila Dogudan gründete 1981 einen Cateringservice und versorgte bald Passagiere der »Lauda Air« und die der Formel I.

1 Die fast 22 000 Kilo schwere Pummerin läutet das neue Jahr ein. **2** Reliefe zieren die Fassaden des Stephansdoms. **3** Im Sakralraum kommt bei Messen eine transzendentale Stimmung auf. **4** Von der »Do & Co«-Bar genießen Besucher den besten Blick auf die Kathedrale. **5** Auf dem Stephansplatz trifft gotische auf moderne Architektur.

Heutzutage verköstigt er von weiteren Logistikzentren in New York und Miami aus einige andere Fluglinien. Das »Do & Co Hotel« und das gleichnamige Spitzenrestaurant sind jedoch »nur« eine Visitenkarte für das Gastronomieimperium, das jährlich 500 Millionen Euro Umsatz erwirtschaftet. Das Hotel befindet sich im »Haas-Haus«, einem von Stararchitekt Hans Hollein im Jahr 1990 geschaffenes Gebäude. In seiner gläsernen Fassade spiegelt sich der Stephansdom. Die Hotellobby befindet sich im sechsten Stock. Schon beim Betreten des in warmen Farben gehaltenen Interieurs erinnern Details an Dogudans türkische Wurzeln. Große silberne Teetabletts montierte das niederländische Innenarchitektenteam F.G. Stijl auf Bartischen. In den geräumigen 41 Zimmern sorgen edle Kelims als Bettzierdecke für Farbe und Muster. Das transparente Thema der Außenfassade setzt sich auch innen fort. Die Badezimmer sind nur durch Glaswände abgetrennt. Am außergewöhnlichsten sind jedoch

1 Edler Emailschmuck und hübsche Taschen warten bei »Frey Wille« auf eine Besitzerin. **2** Exponate aus der Zeit der Wiener Klassik im Mozart-Haus. **3** Vom Stephansplatz aus gelangen die »Do & Co«-Gustostücke zu vielen Fluglinien. **4** Die lauschige Laube des Teehauses »Haas & Haas«.

die Suiten. Eine besitzt einen gläsernen Erker, der frei über dem Platz schwebt. Darin ist eine Fensterbank eingerichtet, von der man die Straßenmusikanten auf dem verkehrsfreien Stephansplatz bewundern kann.

»Do & Co« machte Wien in den 1980er-Jahren mit der gehobenen asiatischen Küche vertraut. Im exklusiven Restaurant im siebten Stock trifft sich die österreichische Prominenz zu Sushi und Sashimi, aber auch Wiener Schmankerln gibt es hier. Und eine französische Bouillabaisse mit delikatem Kräuteraroma als Vorspeise, die in einem so großen Teller serviert wird, dass sie auch als Hauptgang reicht.

Nach so vielen Leckerbissen verlangt der Körper nach einem Spaziergang über den Stephansplatz. Vorbei am Stock im Eisen, der in das elegante Equitable-Gebäude aus der Jahrhundertwende an der Ecke zur Kärntner Straße eingemauert ist. Um diesen auf das Jahr 1533 datierten und mit unzähligen Nägeln beschlagenen Ast rankt

sich ebenfalls eine Sage: Wieder einmal schloss ein Handwerksgeselle einen Pakt mit dem Teufel, um dem Stock ein Schloss anzulegen, das nur er öffnen konnte. Bei solchen Wünschen ist die Höllenfahrt freilich schon vorprogrammiert.

Links vom Riesentor befindet sich ein Fiaker-Standplatz. Schließlich ist der heilige Stefan der Patron der Kutscher und Pferde. Über hundert Jahre alt sind die hölzernen Kutschen, von denen 144 in der Stadt zirkulieren. Unter all den schwarzen Droschken sticht eine rosafarbene ins Auge. Sie wird vom Wiener Süßwarenproduzenten Manner gesponsert, der gegenüber vom Standplatz in seinem Flaggschiff-Geschäft seine berühmten Haselnussschnitten verkauft.

Wolfgang Amadeus Mozart hat diese Schnitten noch nicht gekannt. Seine einzige in Wien erhaltene Wohnung ist in der Domgasse hinter dem Stephansdom gelegen. Im Haus Nr. 5 lebte der Komponist von 1784 bis 1787. Die Wohnung im ersten Stock ist großräumig – sogar ein Billardzimmer hatte der Schöpfer der »Zauberflöte« hier. Seinen letzten Weg trat Mozart ebenfalls vom Stephansplatz an. Am 6. Dezember 1791 wurde sein Leichnam in der Kruzifixkapelle des Domes eingesegnet und in einem Pferdewagen auf den Friedhof von St. Marx überstellt.

Zeit für den Stephansplatz

Sehen und Erleben

Stephansdom, Stephansplatz 3. Betreten der Kirche ist gratis. Über Führungen informiert: www.stephanskirche.at

Mozarthaus, Domgasse 5. Mozarts letzte erhaltene Wohnstätte ist täglich von 10 bis 19 Uhr zu besichtigen. www.mozarthaus-vienna.at

Übernachten

Do & Co Hotel**, Stephansplatz 12, 6. Stock, Tel. 0-1-24188, www.doco.com.** Gestyltes Hotel im Hans Holleins »Haas-Haus« mit warmer Atmosphäre. Reiche Auswahl an Frühstücksspezialitäten, beste Aussicht auf den Stephansdom. Das exklusive Restaurant servierte asiatische und österreichische Spezialitäten schon Jahre vor der Eröffnung des Hotels. Zimmer 601 vermeiden – es liegt genau neben der Bar. Bei Anfahrt mit dem Taxi in der Singerstraße aussteigen und über den Platz gehen.

Hotel am Stephansplatz**, Stephansplatz 9, Tel. 0-1-53405, www.hotelamstephansplatz.at.** Hotel in bester Lage mit geräumigen Zimmern. Einrichtung eher schlicht, jedoch umweltfreundlich.

Essen und Trinken

Do & Co Restaurant, Stephansplatz 12, 7. Stock, Tel. 0-1-5353969. Asiatische und österreichische Spezialitäten mit Blick auf den Stephansdom. Im Sommer unbedingt auf der Terrasse essen.

Haas & Haas, Stephansplatz 4, Tel. 0-1-5122666. Wiens schönster Teesalon mit barocker Gartenlaube. Chinesisches Dim-Sum-Frühstück, japanisches Miso-Frühstück, englischer Nachmittagstee mit Finger-Sandwiches und Scones, russische Samowar-Teezeremonie.

Shopping

Manner Shop, Stephansplatz 7. Süßwaren aus familieneigener Fabrik (seit 1890). Ein Paradies für Naschkatzen: Haselnussschnitten, Schokobananen, Kokos-Schokokugeln mit Rumfüllung, Napoli-Dragee-Kekse.

Frey Wille, Stephansplatz 5. Der farbenfrohe, elegante Edel-Emailschmuck orientiert sich am Jugendstil.

R. Horns, Stephansplatz 3. Elegante, robuste Ledertaschen, von Hand gefertigt.

U-Bahn-Stationen

U1 (Stephansplatz).

Tipp der Autorin

Gruftis bekommen in den Katakomben des Stephansdoms Gänsehaut.

Wiens Champs-Élysées
Auf dem Graben – Boulevard de luxe

Elegante Straßencafés laden zum Verweilen ein. Die schmackhaftesten Sandwiches der Stadt genießen Spaziergänger im Stehimbiss, bevor sie dem Jüdischen Museum oder einem der größten Auktionshäuser einen Besuch abstatten.

Wenn ab Mitte April in Wien die Temperaturen ansteigen, zieht es die Bewohner der Stadt in die Straßenterrassen von Restaurants und Cafés, hierzulande »Schanigärten« genannt. Nirgendwo sind diese breiter angelegt als auf dem Graben, jener exklusiven, verkehrsfreien Straße, die vom Stephansplatz aus im rechten Winkel zur Kärntner Straße verläuft. Der Name dieser Prachtstraße verweist bis heute auf ihre ursprüngliche Funktion: Sie schottete einst das Römerlager Vindobona vor Feinden ab und wurde erst im 12. Jahrhundert aufgeschüttet. Im Einzugsgebiet der Hofburg, des kaiserlichen Palastes, wanderten auch oft Huldigungszüge über diesen Promenadenweg. Dass selbst der Monarch vor einer höheren Gewalt Ehrfurcht empfand, beweist die Pestsäule, die wohl markanteste Skulptur in der Innenstadt. Sie steht im Fluchtpunkt aller Blicke, wenn man die Straße vom Stephansplatz aus hinunterschaut. Kaiser Leopold I. (1640–1705) gelobte sie zu errichten, wenn Gott Wien von der schrecklichen Seuche im Jahr 1679 befreien würde. Der Himmelsvater ging den Handel ein und erhielt dafür ein mit Dutzenden Engeln und goldenen Kronen, Kreuzen und Schwertern bestücktes Bauwerk. Der Kaiser Leopold I. selbst präsentiert sich kniend vor der Dreifaltigkeit. Aufgrund seines ausgeprägten Unterbisses haben ihm die Wiener den Namen »Fotzenpoidl« verliehen.

Im 19. Jahrhundert zog es das aufstrebende Bürgertum in die Grabengegend, Luxusgeschäfte und erste Großfirmen ließen sich nieder. Jugendstilarchitekt Otto Wagner (1841–1918) gestaltete 1894 das Haus der Anker-Versicherung auf Nummer 10. Er ahmte dabei die Stuckfassade eines Barockhauses nach und verwendete für die ersten beiden Geschäftsetagen viel Glas und Schmiedeeisen. Im 20. Jahrhundert mietete der Öko-Künstler Friedensreich Hundertwasser (1928–2000) das Dachgeschoss. In der mit Skulpturen umrahmten Glaskuppel wurde er zu seinen besten Werken inspiriert. Mit Marmor ließ die Firma E. Braun & Co. auf Nummer 8 ihr elitäres

1 Ein Tässchen Kaffee regt die Kreativität und den Schreibfluss an. **2** Das Traditionsunternehmen Knize fertigt Hemden und Anzüge nach Maß. **3** Edle Juweliergeschäfte findet man auf dem Graben in Hülle und Fülle. **4** Zur Weihnachtszeit erhellen imposante »Kronleuchter« Wiens Prachtstraße.

Modehaus verkleiden. Hier kauften einst illustre Kundinnen wie Alma Mahler ein. 2004 übernahm der schwedische Modekonzern »H&M« den 1500 Quadratmeter großen Laden. Dank Denkmalschutzauflagen durfte an dem historischen Interieur nichts verändert werden. Schräg gegenüber auf Nummer 30 bietet das Confiserie-Geschäft Altmann & Kühne Miniaturkonfekt an. Die liebevoll in Handarbeit gestalteten Bonbons sind mit Nusssplittern und Silberkügelchen verziert und eigentlich viel zu schade zum Essen. Bis heute werden sie in Schachteln gepackt, die von der »Wiener Werkstätte« der Jahrhundertwende kreiert wurden. Der nüchterne Adolf Loos (1870–1933) zeichnete für das Interieur des exklusiven Herrenausstatters »Knize« auf Nummer 13 verantwortlich. Seit 1913 verkauft der Herrenschneider Anzüge und Hemden in einem Kirschholzambiente, das einem englischen »Gentlemen's Club« gleicht. Ein »kulinarisches Gesamtkunstwerk« nennt sich »Meinl am Graben« auf Nummer 19. In dem Neo-Renaissance-Gebäude finden Kunden 400 Arten von Käse sowie kaspischen Kaviar und Trüffeln.

Mit bodenständigeren Produkten arbeitet die Imbissstube »Trzesniewski« in der Dorotheergasse 1. Seit über hundert Jahren produziert das Lokal mit dem unaussprechbaren Namen unaussprechlich gute Brötchen, wie in Wien die Schwarzbrotstücke mit Aufstrich genannt werden, nach Geheimrezept. Es ist anzunehmen, dass die Küchengehilfen Speck, Zwiebeln, Eier, Champignons, Lachs und Matjesheringe durch den Fleischwolf drehen und zu dieser breiartigen Köstlichkeit verarbeiten. Dicht drängen sich die Kunden zur Mittagszeit um die Stehtische. Bei einem derart pikanten Genuss darf auch ein Schluck Bier nicht fehlen. All jene, die nicht gleich betrunken werden wollen, bestellen einen Pfiff. Das Sechzehntel-Liter-Glas ist auch ein beliebtes Mitbringsel aus Wien.

Schräg gegenüber befindet sich das Café Hawelka. In dem mit Thonetsesseln und schweren Marmortischen ausgestatteten Lokal trafen sich die Avantgarde-Künstler der Nachkriegszeit. Das Mobiliar stammt noch aus dem Jahr 1912, als hier die »Chatham Bar«, die erste moderne Bar in Wien, eröffnete – mit Live-Band und Chambre séparée. 1939 übernahmen das Ehepaar Leopold und Josefine Hawelka das zum Café umgestaltete Lokal, schlossen es aber schon am Tag darauf, da der Besitzer in den Kriegsdienst eingezogen wurde. Wie durch ein Wunder überstand das Café den Krieg ohne Schäden, und im Herbst 1945 sperrte es auch wieder seine Türen aus Glas und Holz mit dem geschwungenen Bügel auf. Für viele Gäste war es der ideale Treffpunkt, um dem Elend der damaligen

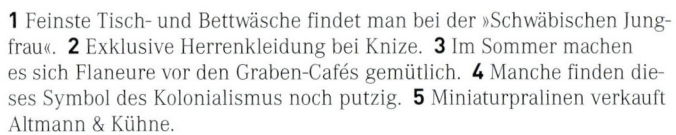

1 Feinste Tisch- und Bettwäsche findet man bei der »Schwäbischen Jungfrau«. **2** Exklusive Herrenkleidung bei Knize. **3** Im Sommer machen es sich Flaneure vor den Graben-Cafés gemütlich. **4** Manche finden dieses Symbol des Kolonialismus noch putzig. **5** Miniaturpralinen verkauft Altmann & Kühne.

Zeit zu entfliehen. Schriftsteller wie Friedrich Torberg, Heimito von Doderer, Hilde Spiel und Hans Weigel kehrten hier ein. Aber auch die Künstler des Fantastischen Realismus – Ernst Fuchs, Wolfgang Hutter, Rudolf Hausner – waren gern gesehene Gäste. Zu ihnen gesellten sich die Schriftsteller der Wiener Gruppe, H. C. Artmann, Konrad Bayer, Friedrich Achleitner, Ernst Jandl und Friederike Mayröcker, die Sprache auch als optisches und akustisches Material betrachteten. Und immer wieder tauchte auch der Schauspieler und Dichter Helmut Qualtinger auf, der als »Herr Karl« den österreichischen Durchschnittsbürger als Mitläufer enttarnte. 1975 erlangte das Café im gesamten deutschsprachigen Raum große Berühmtheit. In diesem Jahr kam Georg Danzers Single »Jö schau« auf den Markt, das Reaktionen der Gäste beschrieb, als sie einen imaginären Nacktflitzer durchs »Hawelka« sausen sahen. Seither gehört ein Abstecher ins »Hawelka« zu den Pflichtbesuchen vieler

1 Die Hologrammwände des Jüdischen Museums zeigen sowohl Artefakte der jüdischen Kultur als auch solche von der Verfolgung. 2 Schmuck aus zweiter Hand im Ausstellungsraum des Dorotheums. 3 Ein Fiaker fährt auf die Peterskirche zu. 4 »H&M« ist auf dem Graben in ein edles Jugendstilkaufhaus gezogen.

Wien-Reisender. Nicht zuletzt kommen sie wegen der »Buchteln«, die nach dem Rezept der 2005 verstorbenen Josefine Hawelka zubereitet werden. Die flaumig-leichten, mit Powidel (Pflaumenmarmelade) gefüllten Hefeknödel werden heiß mit Vanillesoße serviert. Wandert man vom Café Hawelka die Dorotheergasse hinauf, gelangt man zum Jüdischen Museum, das auf innovative Weise die Geschichte der jüdischen Bewohner der Stadt beleuchtet. So verwendet es zum Beispiel riesige Hologrammtafeln, auf denen Theodor Herzls Spazierstock sowie eine brutale antisemitische Szene dargestellt sind. Diese Hologramme rufen Walter Benjamins Aussage in Erinnerung, dass uns die Vergangenheit blitzartig als Bild im Gedächtnis haften bleibt. Das Café Teitelbaum im Erdgeschoss des Museums erinnert an die Familie dieses Namens, von der bis 1938 16 Mitglieder in Wien wohnten. Nach dem Zweiten Weltkrieg trug kein Bewohner der Stadt mehr diesen Namen. In Dorothy Singers gut sortierter Buchhandlung findet man Titel wie Eva Menasses exzellenten Roman »Vienna«. Würden die Nachkriegsliteraten noch im Café Hawelka sitzen, hätten sie in Singer eine wunderbare Partnerin für verbales Sparring gefunden. Mit Ironie und Humor, der an Friedrich Torberg erinnert, erzählt sie die Geschichte ihrer teils jüdischen, teils katholischen Verwandtschaft.

Wer zu viel Geld in den Luxusgeschäften am Graben gelassen hat, kann sein Hab und Gut im »Dorotheum«, dem 1707 gegründeten Auktionshaus, versteigern lassen. Schon allein ein Spaziergang durch die Versteigerungsräume ist ein Erlebnis: Wertvolle Art-déco-Schmuckstücke liegen hier gut verschlossen in Glaskästchen. In der großen Ausstellungshalle stehen Gemälde und antike Möbel dicht an dicht – für eine Wohnung in Grabennähe gerade gut genug. Im barocken Palais Cavriani in der Habsburggasse befindet sich das Hotel-Garni Pertschy. Das ehemalige Pensionat für höhere junge Damen wurde in ein gemütliches Hotel mit 55 Zimmern umgewandelt. Gäste genießen das historisch-elegante Ambiente mit seinen alten Kachelöfen sowie den romantischen Innenhof mit den einmaligen Lauben-Rundgängen, in Wien »Pawlatschen« genannt. Das Farbschema des Hotels ist rot-weiß wie die österreichische Fahne. Ganz patriotisch!

Zeit für den Graben

Sehen und Erleben

Pestsäule. Barocker Blickfang auf dem Graben aus dem Jahr 1693.

Peterskirche. Lukas von Hildebrandts (1668–1745) barocker Bau ist dem Petersdom in Rom nachempfunden. Wiens erster Kuppelbau ist heute Hauptsitz der ultrakonservativen Kirchenorganisation Opus Dei.

Jüdisches Museum, Dorotheergasse 11. Wien war der erste Ort, in dem 1895 ein jüdisches Museum eröffnete. 1988 nahm es nach langen Jahren wieder den Betrieb auf. Erstklassige temporäre Ausstellungen. www.jmw.at

Dorotheum, Dorotheergasse 17. Das größte Auktionshaus im deutschsprachigen Raum und in Mitteleuropa. Porzellan, Schmuck, Möbel, Kunstwerke, alles frei ersichtlich. www.dorotheum.com

Übernachten

Palais-Hotel Pertschy****, Habsburgergasse 5, Tel. 0-1-534490, Fax 0-1-5344949, www.pertschy.com. Charmantes kleines Hotel in barockem Palais. Zimmerdekor ebenfalls barock und in kaiserlichen Gold- und Rottönen gehalten.

Essen und Trinken

Trzesniewksi, Dorotheergasse 1. Wiens beliebtester Stehimbiss. Schwarzbrot-Sandwiches mit schmackhaften Aufstrichen – ein Gedicht.

Café Hawelka, Dorotheergasse 6. Schon allein wegen der avantgardistischen Fama lohnt sich ein Besuch in dem legendären Kaffeehaus mit der Jahrhundertwende-Patina.

Shopping

H&M, Graben 8. Schwedische Billigklamotten in altem, denkmalgeschütztem Kaufhaus.

Altmann & Kühne, Graben 30. Miniaturkonfekt in Wiener Werkstätte-Geschäft. Viel zu schön zum Essen.

Knize, Graben 13. Edler Herrenausstatter, der maßgeschneiderte Kleidung in Kirschholzinterieur anbietet, das von Adolf Loos gestaltet wurde.

Meinl am Graben, Graben 19. Edel-Delikatessengeschäft, in dem Kunden das besondere Souvenir aus Wien finden. Tipp: Ananas-Paprika-Schokolade von Zotter!

U-Bahn-Stationen

U1, U3 (Stephansplatz).

Tipp der Autorin

In der Tanzschule Elmayer, Bräunerstraße 13, übt man Linkswalzerdrehungen und Rumbarollen.

ZUM FIGLMÜLLER

HAUS MIT
MUTTERGOTTESRELIEF

Wo die Gassen wie Berufe heißen
Mittelalterliches rund um den Stephansdom

Wie im Mittelalter fühlen sich Besucher, wenn sie durch die engen Straßen zwischen Kathedrale und Donaukanal schlendern. Hier kneteten einst Bäcker ihre Brotlaibe, und ein boshafter Basilisk fauchte aus dem Brunnen.

Was passiert, wenn ein Hahn ein Ei legt und eine Kröte es ausbrütet? Ein Basilisk schlüpft aus! Dieses grässliche Untier versetzte der Sage nach 1212 die Wiener in Angst und Schrecken. Es saß in einem Brunnen und verbreitete einen fürchterlichen Gestank. Doch als sich ein Bäckerlehrling in den Brunnen abseilen ließ und dem Ungeheuer einen Spiegel vorhielt, erstarrte es zu Stein.
Derart gebannt, thront der Basilisk heute in der Nische eines mittelalterlichen Hauses mit Barockfassade in der Schönlaterngasse 7. Die verwinkelte Kopfsteinpflastergasse gibt Einblick in das alte Wien. Für die Legende findet sich freilich auch eine wissenschaftliche Erklärung: Beim Ziehen der Kellermauern stießen die Bauarbeiter auf eine Tegelschicht in der Erde. Dort treten merkwürdig geformte Kalk-Sandknollen auf, die oft wie Fabeltiere aussehen. Und übel riechende Gase entwichen aus der Erdschicht allemal.
Schönlaterngasse, Bäckerstraße, Wollzeile, Fleischmarkt – die Gässchen zwischen Stephansdom und Donaukanal zeugen von einer Zeit, als sich Berufsgruppen jeweils in derselben Gegend niederließen. In der Schönlaterngasse findet sich in einem Gebäude aus dem 16. Jahrhundert eine Schmiedewerkstatt aus dem Jahr 1880. Darin hat sich der Kunstverein »Alte Schmiede« niedergelassen, der oft Lesungen und Konzerte veranstaltet – zum Nulltarif! Dort, wo die Schönlaterngasse in den Dr.-Ignaz-Seipel-Platz überführt, ragt ein Bollwerk der Gegenreformation in den Himmel. Die Universitätskirche aus dem Jahr 1627 gehört dem Jesuitenorden und ist in ihrem Innenraum über und über mit Gold verziert. Die Kirche veranschaulicht, wie die Künstler des Barocks sich gern trügerisch betätigten. Auf die Decke malten sie eine Trompe-l'œuil-Kuppel, die dem Auge einen Extraraum vortäuscht. Ein grünes Tor führt von der Schönlaterngasse in einen der schönsten Innenhöfe von Wien. Der Heiligenkreuzerhof ist seit dem 12. Jahrhundert im Besitz des Zisterzienserordens. *Da-Vinci-Code*-Autor Dan Brown hätte hier seine Freude, könnte er doch eine Verschwörung zwischen den beiden Männerorden aushecken. Das weiß-gelbe Häuserensemble um den Heiligenkreuzerhof stammt aus

1 Mittelalterliche Gestalten gucken von so mancher Hauswand. **2** Auch das Wahrzeichen des Restaurants ist dem Wein zugeneigt. **3** Der Basilisk lässt sich aus der Stadtmythologie nicht wegdenken. **4** Das »Griechenbeisl« tischt schon seit 1477 Schmackhaftes auf.

dem 17. und frühen 18. Jahrhundert. Diese Gebäude sind die ältesten Zinshäuser der Stadt. Öffentlichkeitsscheue Mitglieder der Wiener High Society geben sich in der entzückenden Bernardikapelle gern das Jawort. In dem lauschigen Hof mit den alten Bäumen lässt sich eine nette Agape abhalten.

Die intime Atmosphäre des Heiligenkreuzerhofes schätzen auch die Gäste des dort angesiedelten Restaurants »Hollmann Salon«. Es gehört zu dem um die Ecke, in der Köllnerhofgasse gelegenen Boutique- und Design-Hotel »Hollmann Beletage«. Gourmets sitzen sowohl im Garten als auch im Lokal an langen Tischen und lernen bei einem edlen österreichischen Tropfen ihre Nachbarn kennen. Dabei essen sie Gerichte, für die nur Produkte aus biologischem Anbau verwendet werden: Taube auf grünem Spargel mit Estragon und Himbeerjus oder Lachsforelle mit Couscous, Dill und Tomaten. Zu Mittag zieht es auch die Anwälte und Galeristen aus der Gegend hierher. Dann dürfen Gäste selbst bestimmen, was sie für das Menü zahlen wollen. Als »Beletage« wird in Wien in Wohnhäusern des 19. Jahrhunderts jenes erste oder zweite Stockwerk bezeichnet, in dem die »bessere Gesellschaft« wohnte. Die »Hollmann Beletage« orientiert sich an diesem Gedanken und schuf in einem Wohnhaus aus der Gründerzeit eine ausladende, wohnliche Atmosphäre mit

einer gewissen Extravaganz. Das moderne Ambiente ist mit dunklem, geradlinigem Holzmobiliar und mit fröhlichen orangefarbenen Accessoires ausgestattet. Selbst von den schwarzen Ledertüren stechen orangefarbene Farbknöpfe frech ins Auge. Damit auch alle Gäste wissen, dass sie sich in einem WIENER Designhotel befinden, prangt eine riesige orange getönte Nahansicht des Riesenrads an der Decke des Wohnzimmers und über der Rezeption. Schön geräumig und hell sind die 25 Gästezimmer, die mit allerlei Überraschungen aufwarten. Hinter einem vermeintlichen Schrankkasten etwa verbirgt sich das Badezimmer und die TV- und Soundanlage. Eine CD an der Mauer spielt die besten Wienerlieder. Doch Achtung: Jene von Helmut Qualtinger (der zu Lebzeiten im Heilgenkreuzerhof wohnte) sind sicher nicht *politically correct*. Auch Hunde sind bei »Hollmann« gern gesehene Gäste. Das Hotel verfügt zudem über ein Spielzimmer und ein kleines Kino. Dort werden österreichische Klassiker wie »Der Dritte Mann« und Oscar-prämierte Streifen wie Stefan Ruzowitzkys »Die Fälscher« gezeigt. Auch Hollmanns Frühstück kann sich sehen lassen: Fünf Gänge kann man bis 11 Uhr vormittags genießen, darunter auch Hühnersuppe (wirkt Wunder gegen den Kater der letzten Nacht) und Birne mit Prosciutto und pochiertem Ei. Von Zeit zu Zeit bietet das Hotel »Breakfast with Friends«-Packages an,

1 Bei »Figlmüller« in der Wollzeile-Passage wird eines der besten Schnitzel serviert. **2** Eine Heilige beschützt das alte Haus in der Bäckerstraße. **3** Beim Anblick seines eigenen Spiegelbildes zerbarst der Basilisk. **4** Der Innenhof wurde schon in der Renaissance gestaltet. **5** »Hollmann Beletage« ist ganz in Schwarz und Orange gehalten.

bei denen Gäste während ihres Hotelaufenthalts zwei Freunde oder Familienmitglieder zum Frühstück einladen können.
In der Schulerstraße empfängt Wiens ältestes Hotel schon seit 1746 Gäste. Im »König von Ungarn« fühlten sich zur Zeit der Habsburgermonarchie hauptsächlich magyarische Adelige wohl, und auch Mozart speiste schon im hiesigen Restaurant. Ein überdachter Innenhof wurde zur Lobby umfunktioniert. Einige Bäume dürfen aber noch weiterwachsen. Gäste relaxen hier auf gemütlichen Fauteuils im englischen Herrenhausstil. Ein Teil der Zimmer pflegt dieses traditionelle Ambiente weiterhin. Andere wurden jedoch innovativ umgestaltet. Tapeten mit stilisierten Blumenmustern kleben da an den Wänden, und einige der Sessel könnten auch aus einem Raumschiff stammen. Die ovalen Badewannen stehen frei im Raum. Das Nonplusultra ist jedoch die Penthouse-Suite: Von einem vollständig verglasten Raum blicken die Gäste hier über die Dächer von Wien.

1 Ein freundliches Lächeln im »König von Ungarn«. 2 Der Eingang zum elegant-familiären Hotel. 3 In der weitläufigen Lobby wachsen sogar echte Bäume. 4 Vor Kurzem eröffnete das Hotel auch einen innovativen Trakt. 5 Die Designer wählten poppige Farben. 6 Der traditionelle, gediegene Teil blieb jedoch bestehen. 7 Der Concierge wartet vor der Pforte auf Gäste.

6

7

1 Im »Gulaschmuseum« stehen ein Dutzend Variationen des ungarischen Nationalgerichts auf der Speisekarte. 2 Die Kirche der Hl. Dreifaltigkeit ist das Hauptgotteshaus für 10 000 griechisch-orthodoxe Gläubige. 3 Das Wissen der Eismanufaktur »Zanoni & Zanoni« stammt aus Italien.

Nicht Ungarn, sondern »Griechen« wohnten einst ein paar Straßen weiter. Die Kaufleute in der »Griechengasse« stammten jedoch nicht nur aus dem Land des Sokrates, sondern aus dem gesamten levantinischen Raum. Eine orthodoxe Kirche zur Heiligen Dreifaltigkeit bauten sie aber dann doch auf dem Fleischmarkt 13. Niemand Geringerer als Ringstraßenarchitekt Theophil Hansen gestaltete 1861 dieses neobyzantinische Meisterwerk. Innen und außen ist die Kirche mit Gold verbrämt. Madonnen blicken stoisch von silberumrandeten Ikonen. Unzählige Kerzen füllen den Sakralraum mit warmem Licht, und es duftet nach Weihrauch und Myrrhe.

Im »Griechenbeisl« gleich neben der Kirche kehren schon seit Jahrhunderten durstige und hungrige Gäste ein – sogar Beethoven und Johann Strauß jr.! Zwar werden statt Moussaka und Souvlaki heute Wiener Schnitzel und Schweinsbraten serviert, doch die gute Laune hält schon seit 1477 an. Das Beisl rühmt sich, Wiens ältestes Wirtshaus zu sein – seine dicken Mauern hielten auch dem Ansturm der Türken stand. Der vergitterte Kellerraum des Lokals hält schon seit Langem einen Gefangenen fest. Der »liebe Augustin« war ein Dudelsackspieler, der in Wien im späten 17. Jahrhundert von Gasthaus zu Gasthaus zog. Als in der Stadt 1679 die Pest grassierte, hielt ihn das nicht von seinen musikalischen Rundgängen ab. Schwer beschwipst stolperte er eines Nachts in eine mit Leichen gefüllte Grube. Als die Bestatter diese am nächsten Morgen zuschütten wollten, staunten sie nicht schlecht, als einer der Toten noch putzmunter war. Das Lied »Oh du lieber Augustin« erinnert bis heute an die Vergänglichkeit des Lebens. Zur Augustinpuppe im »Griechenbeisl« werfen Besucher heute goldfarbene Cent-Stücke hinab, als späte Anerkennung seiner Widerstandsfähigkeit.

Italiener sind in Wien von jeher als erfahrene Speiseeishersteller bekannt. Naschkatzen pilgern gern zu Eisdielen, deren Namen auf »o,« »i« oder »a« enden. »Zanoni & Zanoni« am Lugeck 7 beglückt die Wiener 365 Tage im Jahr mit der kühlen Köstlichkeit. Im Kirscheis stecken große Fruchtstücke, und selbst Maroni- und Topfeneis gibt es hier. Die Zanonis gehen gern auf den Geschmack der Lokalbevölkerung ein – wie es sich eben für gute Handwerker gehört – und bieten also auch Eis aus Edelkastanien und Quark an.

Zeit für das mittel-alterliche Wien

Sehen und Erleben

Basiliskenhaus, Schönlaterngasse 12. Hochmittelalterliches Haus mit Barockfassade. In zwei Nischen und auf einem Fresko finden sich Abbilder des scheußlichen Ungeheuers.

Jesuitenkirche, Ignaz-Seipel-Platz. Pompöse Barockkirche aus dem Jahr 1623 mit unglaublicher Illusionsmalerei von Andrea Pozzo (1642–1709). Trompe-l'œuil-Kuppelmalerei.

Heiligenkreuzerhof, Eingang: Schönlaterngasse 5 oder Köllnerhofgasse. Wiens älteste Zinshäuser aus dem späten 17. und frühen 18. Jahrhundert.

Griechische Kirche zur Heiligen Dreifaltigkeit, Fleischmarkt 13. Neobyzantinische Kirche von Theophil Hansen.

Übernachten

Design & Boutique Hotel Hollmann Beletage**, Köllnerhofgasse 6, Tel. 0-1-9611960, Fax 0-1-961196033, www.hollmann-beletage.at.** »Wohnen wie in einer Luxus-WG« sollen Gäste in diesem perfekt gestylten, gemütlichen Hotel. Schwarz-oranges Ambiente. Selbst im Spielzimmer sind die Schachbretter so gemustert!

König von Ungarn**, Schulerstraße 10, Tel. 0-1-515840, Fax 0-1-515848, www.kvu.at.** Das Haus, in dem Mozart seine »Figaro«-Partitur schrieb, ist Teil von Wiens ältestem Hotel. Wer es etwas moderner haben will, kann im neu gestalteten Flügel wohnen.

Essen und Trinken

Hollmann Salon, Heiligenkreuzerhof (Grashofgasse 3), Tel. 0-1-091196040. Biologische Gourmetküche an einem von Wiens romantischsten Plätzen. Zu Mittag freie Preiswahl.

Griechenbeisl, Fleischmarkt 11, Tel. 0-1-5331977. Wiens ältestes Restaurant aus dem Jahr 1477. Tolle Deckengewölbe und Zimmer, die im Biedermeier- und Jagdstil eingerichtet sind.

Zanoni & Zanoni, Lugeck 7, Tel. 0-1-5127979. Fantastisches Eis von Austroitalienern. Großes Café.

K. u. K. Hofzuckerbäcker L. Heiner, Wollzeile 9, Tel. 0-1-5122343. Eine Konditorei wie zu Kaisers Zeiten.

Shopping

Wollzeile-Passage. Hier befindet sich das Schnitzelrestaurant »Figlmüller«.

U-Bahn-Stationen

U1, U3 (Stephansplatz), U1, U4 (Schwedenplatz).

Tipp der Autorin

Gulaschmuseum, Schulerstraße 10. Tel. 0-1-5121017. Von Fiaker- zu Bohnen- und Fischgulasch.

Sisi, Silber und sonstige Schätze
Rundgang durch die Hofburg – wo das Kaiserreich lebt

18 Trakte, 54 Stiegen, 19 Höfe, 2600 Räume, 700 Jahre Geschichte – in der verwinkelten Winterresidenz der Habsburger gehen Besucher auf eine wunderbare Entdeckungsreise.

Selbst ihre Totenmaske strahlt noch Anmut aus. Die Nase geradlinig wie die einer griechischen Göttin, die Wangenknochen hoch, das Gesicht ebenmäßig geformt. Nur das leicht vorgesetzte Kinn suggeriert, dass Kaiserin Elisabeth (1837–1898) eine energische, willensstarke Person war. Kein anderes Artefakt eignet sich besser als diese Totenmaske, um Glanz und Verfall des Habsburgerreiches zum Ausdruck zu bringen.

Die Maske liegt in einem halb verdunkelten Vorraum im Eingangsbereich des Sisi-Museums. Die Stadt Wien eröffnete dieses Museum vor ein paar Jahren, da sich Abertausende Touristen hauptsächlich für die Geschichte der unglücklichen Kaiserin interessieren. Das durch die »Sissi«-Filmtrilogie mit Romy Schneider vollkommen verkitschte Image der Monarchin soll hier wieder ins rechte Licht gerückt werden. An den Wänden stehen Gedichtstrophen, die die rastlose Kaiserin auf ihren fluchtartig angetretenen Reisen nach Ungarn, Korfu und Madeira verfasste. Von der Sehnsucht nach Einsamkeit, Freiheit und dem Tod ist da die Rede. Die bayerische Prinzessin hatte ihren Cousin Franz Joseph (1830–1916) bereits mit 15 Jahren geheiratet – zu früh, um sich an das steife österreichische Hofzeremoniell und ihre dominante Schwiegermutter Sophie gewöhnen zu können.

Das Sisi-Museum und die anschließenden Kaiser-Appartements geben Einblick in die Geschichte einer Ehe, die trotz erzbischöflicher Weihen nicht glücklicher verlief als viele andere. Da sieht man das rekonstruierte weiß-grün-goldene Verlobungskleid von Kaiserin Elisabeth mit einem riesigen Bauschrock und einer Stola mit gestickten arabischen Schriftzeichen. Schon damals setzten modebewusste Damen auf exotische Akzente. Sisis Fächer befinden sich hier und für ihr prachtvoll langes, kräftiges Haar Diamantensterne, die sie auf Franz Xaver Winterhalters berühmtem Porträt trägt. Auch die Turngeräte der extrem körperbewussten apostolischen Königin von Ungarn hängen noch in ihren Privaträumen. Zeit ihres Lebens maß die Taille der Kaiserin in korsettiertem Zustand nie mehr als 50 Zentimeter. Bei all dem prachtvollen Mobiliar ist es verwunder-

1 Historischer Stiegenaufgang im Steigenberger Hotel Herrenhof.
2 »Demels« Zuckerbäcker sind für ihre kunstvollen Kreationen berühmt.
3 Wunder der Natur im Schmetterlingshaus. **4** So vornehm wohnten die Mitglieder der Familie Habsburg.

lich, dass sowohl der Kaiser als auch die Kaiserin in einfachen Eisenbetten schliefen – Einzelbetten, denn seit 1871 hatten sie getrennte Schlafzimmer.

Beeindruckend ist auch der Tisch im Speisesalon, der für ein »einfaches« 30-köpfiges Familiendiner im Hause Habsburg über und über mit Porzellantellern, Silberbesteck, Kristallgläsern und -flaschen gedeckt ist. Die Diener tischten hier neun bis 16 Gänge auf, die manchmal in nicht mal einer Stunde verzehrt wurden. Der Kaiser war nämlich ein schneller Esser, und nach ihm hatten sich alle anderen Gäste zu richten. In Rechaud-Schachteln schleppte das Servierpersonal die Mahlzeiten treppauf, treppab. Nicht auszudenken, wie lange sie standen, um das Geschirr zu spülen, das Besteck zu polieren und die Gläser auf Hochglanz zu bringen.

Weiterer Habsburger Hausrat ist in der Silberkammer der Hofburg im Erdgeschoss des Sisi-Museums ausgestellt: Augarten-Porzellan mit chinesischen Zeichnungen für Maximilian, den Kaiser von Mexiko, sowie herrliche Tafelaufsätze und kunstvoll gefaltete Tischtücher.

Über 700 Jahre lang hielten die Habsburger hier einen solchen Hofstaat. Die Hofburg selbst präsentiert sich jedoch nicht als einheitliches, symmetrisches Gebilde, sondern als eine 18-traktige Pa-

lastanlage mit 19 Höfen und 2600 Räumen auf 240 000 Quadratmetern. Der älteste Teil, der Schweizerhof, liegt tief drinnen in der verschachtelten Anlage. Er stammt noch aus der Zeit, als Rudolf I. von Habsburg (1218–1291) 1276 dem Böhmen-König Ottokar Přemysl die Gebiete des heutigen Österreichs abrang. In der gotischen Burgkapelle treten sonntags oft die Wiener Sängerknaben in ihren Matrosenkostümen auf. Zu diesem Hof führt das schwarz-rot-goldene Schweizertor, das Pietro Ferabosco 1552 im Renaissancestil gestaltete. Hier ist auch der Eingang zur Schatzkammer, in der viele Preziosen wie Kronen und Szepter aufbewahrt werden. Und da die Habsburger als Kaiser des Heiligen Römischen Reiches Deutscher Nation über Jahrhunderte auf ihren Legitimitätsanspruch pochten, finden sich auch viele religiöse Reliquien hier, wie z. B. ein Stück der Lanze, mit der angeblich Christus getötet wurde, die aber tatsächlich auf das 7. Jahrhundert n. Chr. datiert wurde. Im Speer unter einer Manschette eingebettet findet sich jedoch tatsächlich ein »Kreuznagel«, der älter sein könnte.

Aus dem Jahr 1569 stammt die Stallburg, eine Residenz für Maximilian II. (1527–1576). In diesem vornehmen Gebäude werden heutzutage 72 weiße Lipizzaner-Hengste gehalten. Wie den einstigen Hoheiten fehlt es den Pferden an nichts. Seit ein paar Jahren

1 Unsterblich schön: Kaiserin Elisabeth, genannt Sisi. **2** Früh übt sich, wer ein Rittmeister in der Spanischen Hofreitschule sein will. **3** Beim Galadiner befolgten die Hoheiten das strenge Hofzeremoniell. **4** Wilde Skulpturen auf dem Michaelerplatz. **5** Handgefertigte Hüte bekommt man bei »Febella« in der Herrengasse. **6** Konditorei Demel: Willkommen im Schlaraffenland!

werden auch Frauen als Elevinnen der Spanischen Hofreitschule zugelassen. Sojourner Morrell aus dem amerikanischen Bundesstaat New York war eine der Ersten. Nach dem Striegeln in der Früh führt sie ihr Pferd in die zur Hofburg gehörende Winterreitschule, die der Stararchitekt des Barocks, Joseph Emanuel Fischer von Erlach, 1735 vollendete. Hier finden bis heute Vorführungen der Spanischen Hofreitschule statt, für die Eintrittskarten Monate im Voraus gebucht werden sollten. Wer es spontaner haben will, kann beim Morgentraining zusehen.

Fischer von Erlachs Vater Johann gestaltete den Prunksaal der Nationalbibliothek am Josefsplatz, eine mit feinstem Holz ausgekleidete Ansammlung an Trompe-l'œuil-Effekten und Büchern aus der Sammlung des Barockprinzen Eugen, die für Besucher ebenfalls zugänglich ist. Fischer von Erlach entwarf auch den Michaelertrakt mit

1 Neoklassische Skulpturen aus einer Zeit, als ein bisschen Bauch noch »in« war. 2 Hier sitzt man doch gerne im Glashaus: Das »Palmenhaus«-Restaurant im Burggarten überzeugt durch seine luftig-leichte Atmosphäre. 3 Perfekt gestylt begrüßt die schicke Herrenhof-Bar des Steigenberger Hotels ihre Gäste.

der herrlich hohen grün-goldenen Kuppel am Ende des Kohlmarkts. Dieser wurde jedoch wegen Geldmangels erst Ende des 19. Jahrhunderts fertiggestellt. Der imposante Trakt der Neuen Burg auf dem an die Ringstraße anschließenden Heldenplatz stammt ebenfalls aus dem 19. Jahrhundert. Er spielte eine unrühmliche Rolle in der jüngeren Geschichte, verkündete Adolf Hitler doch hier den Anschluss Österreichs an Deutschland.

Maria Theresias Schwiegersohn, Albert von Sachsen-Teschen (1717–1780), begründete die größte grafische Sammlung der Welt. Das »Albertina« genannte Palais grenzt unmittelbar an die Hofburg. Seine Terrasse wurde 2003 von Hans Hollein umgestaltet und mit einem modernen »Flugdach« aus Titan versehen. Besucher können hier Werke von Albrecht Dürer, Michelangelo und Leonardo da Vinci sowie die Sammlung Batliner bestaunen, die aus 180 Werken der klassischen Moderne besteht, von Monet bis Baselitz.

An der Ringstraße ist die Hofburg zu beiden Seiten von hübschen Parks umrahmt. Im Burggarten steht die einzige Statue von Franz Joseph in ganz Wien. Schwer scheint die alternde Figur des Kaisers an seiner Bürde zu tragen. Im komplett verglasten Jugendstil-Palmenhaus essen Gourmets in einem tropischen Ambiente. Im an-

grenzenden Schmetterlingshaus flattern riesige, farbenfrohe Falter. Der Volksgarten zwischen Heldenplatz und Burgtheater ist im französischen Stil gehalten, fein manikürt, mit hübschen Rosenbäumchen versehen.

Eine der exklusivsten Wiener Einkaufsstraßen verbindet das Michaelertor mit dem Graben. Am Kohlmarkt sind die vornehmsten Geschäfte wie Louis Vuitton und Cartier angesiedelt. Aber auch die ehemaligen Hoflieferanten wie der Zuckerbäcker Demel bereiten hier süße Köstlichkeiten wie vor 100 Jahren zu.

Zu einem besonders netten Einkaufsbummel verleitet die barocke Michaelerpassage neben der gleichnamigen Kirche. Das Schmuckgeschäft »Der Smaragd« hat sich auf die Verarbeitung von grünen Edelsteinen spezialisiert. Zoran Recnik bringt das mystische Funkeln des Steins des ewigen Frühlings durch Brillanten zum Vorschein. Kaiserlich wohnen Wien-Besucher in zwei Hotels in der nahe gelegenen Herrengasse. Sowohl das Radisson Blu Hotel als auch das Steigenberger Hotel Herrenhof sind in einem alten Patrizierhaus angesiedelt, doch modern gestylt, das Radisson Blu im rot-lasziven Farbschema, das Steigenberger in Violett mit großen floralen Ornamenten. Dies sind perfekte Adressen, um sich im Glanz der imperialen Residenz zu sonnen.

Zeit für die Hofburg

Sehen und Erleben

Hofburg, Kaiserappartments, Sisi-Museum, Silberkammer, Eingang unter der Michaelerkuppel, Tel. 0-1-5333113. www.hofburg-wien.at. Besuch bei Kaisers.

Prunksaal der Nationalbibliothek, Josefplatz 1, Tel. 0-1-53410394, www.onb.ac.at/prunksaal.htm. Barocker Traum von Johann Fischer von Erlach.

Schatzkammer, Schweizerhof, Tel. 0-1-52524, www.khm.at/schatzkammer. Weltliche und geistliche Schätze wie die römisch-deutsche Kaiserkrone und Prunkgewänder der Ritter des Goldenen Vlieses.

Museum für Völkerkunde, Neue Burg, Tel. 0-1-525240, www.khm.at/mvk. Eine berühmte aztekische Federkrone sowie die zweitgrößte Sammlung von Exponaten von Captain Cooks Entdeckungsreise nach Australien.

Hofburgkapelle, Schweizerhof, Tel. 0-1-5339927, www.hofburgkapelle.at. Hier findet die Sonntagsmesse mit den Wiener Sängerknaben statt.

Spanische Hofreitschule, Michaelerplatz 1, Tel. 0-1-5339031, www.srs.at. Karten für die Morgenarbeit und die Vorführungen.

Übernachten

Radisson Blu Style Hotel Vienna**, Herrengasse 12, Tel. 0-1-22780, Fax 0-1-2278077, www.radissonblu.com/stylehotel-vienna.com.** Mondänes Haus gegenüber dem Café Central. Gratis Minibar. Helle, große Zimmer.

Steigenberger Hotel Herrenhof***, Herrengasse 10, Tel. 0-1-534040, Fax 0-1-53404155, www.steigenberger.com/de/Wien.** Poppig elegant. Frühstücksbuffet vom Feinsten.

Essen und Trinken

K. u. K. Hofzuckerbäckerei Demel, Kohlmarkt 14. Tel. 0-1-5351717. Naschen wie zu Kaisers Zeiten. Der beste Apfelstrudel der Stadt. Fantasievolle Auslagendekorationen ganz aus Zucker.

Shopping

Febella, Herrengasse 6–8. Wunderschöne Hüte und Kappen aus Eigenproduktion.

U-Bahn-Stationen

U3 (Herrengasse).

Tipp der Autorin

Im Juweliergeschäft »Der Smaragd«, Michaelerplatz 6, gibt es kunstvolle Geschmeide. www.emeralds-only.com

Auf den Spuren einer verlorenen Welt

Jüdisches Wien – von der Synagoge zum Schoah-Mahnmal

Zwischen Seitenstettengasse und Judenplatz finden sich Zeugnisse der tausendjährigen jüdischen Gemeinde. Rachel Whitereads Stahlbetonkubus erinnert an die Opfer des Holocaust.

Fast 900 Jahre währt die Geschichte der jüdischen Gemeinde in Wien schon. Bereits 1194 verwaltete ein in den Annalen als Schlomo bezeichneter Jude als Münzmeister der Babenberger Herzöge Leopold V. (1157–1194) und Friedrich I. (1175–1198) das Lösegeld für den englischen König Richard Löwenherz (1157 bis 1199). Schlomo gehörten vier Grundstücke auf dem Gebiet der heutigen Seitenstettengasse, wo auch heute der Stadttempel steht. In die Seitenstettengasse gelangt man, wenn man vom Stephansdom die Rotenturmstraße entlang und dann links über den Fleischmarkt und den Rabensteig geht. Wie ein klassizistisches Stadthaus tarnt sich der Stadttempel, durften doch nichtkatholische Gotteshäuser im Habsburgerreich ihre Symbole nicht offen präsentieren. Als einzige unter Wiens 24 Synagogen überlebte der im Jahr 1826 von Joseph Kornhäusel gebaute Tempel die Verwüstungen der Kristallnacht des Jahres 1938. Fast wie ein Theater mutet sein Inneres mit zwei Balkonen an. Die Decke ist blau getüncht und mit goldenen Sternen verziert.

Der Stadttempel steht in einem Viertel, das die Wiener »Bermudadreieck« getauft haben und das in den frühen 1980er-Jahren entstand, als viele der traditionellen jüdischen Textilbetriebe aus der Gegend wegzogen. Gymnasiasten und Studenten bevölkern die vielen Bars und Cafés in den engen, autofreien Gassen. Das koschere Restaurant »Alef Alef« gleich neben dem Tempel serviert Spezialitäten aus Israel. Besonders in lauen Sommernächten steigt der Lärmpegel in den Schanigärten um einige Dezibel. Im »Krah Krah« am Rabensteig 7 spülen die Gäste Riesenbrote mit Bier aus aller Herren Länder hinunter.

Der Gastgarten des Lokales »Ma Pitom« grenzt unmittelbar an Wiens ältestes Gotteshaus, die kleine Ruprechtskirche. Schlicht steht der efeubewachsene romanische Bau da, dessen erste Mauern im 8. Jahrhundert errichtet wurden. Die Kirche blickt auf den Donaukanal, auf dem die Salzschiffer aus Oberösterreich und Salzburg im Mittelalter ihre Ware anlieferten. Neben der steilen Treppe zum Donaukanal steht der Leopold-Figl-Hof, der nach dem ersten Bundes-

1 Mittelalterliche Legenden in der Naglergasse. 2 Das Designgeschäft »Prodomo« in der Naglergasse. 3 Treffpunkt für Revoluzzer: Leo Trotzki kam gern ins Café Central. 4 Rachel Whitereads Holocaustdenkmal stellt eine verschlossene Bibliothek von Lebensgeschichten dar.

1 In der City gibt es zahlreiche Antiquitätenläden. Die Engelapotheke in der Bognergasse zieren zwei Jugendstilfiguren. 2 Heiße Musik im »Jazz Land«. 3 Lauer Sommerabend im Bermudadreieck. 4 Das Palais Ferstel ist dem Stil der Renaissance nachempfunden.

kanzler der Zweiten Republik benannt ist, einem Überlebenden des Konzentrationslagers Dachau. Der Hof nahm die Stelle des ehemaligen Hotel Metropol am Morzinplatz ein, dem Gestapo-Hauptquartier von 1938 bis 1945. Hier steht heute ein Denkmal für die Opfer der NS-Gewaltherrschaft.

Schlendert man zurück durch die Seitenstettengasse, die Judengasse, den Hohen Markt, die Tuchlauben und die Jordangasse, gelangt man zum Judenplatz. Im frühen 15. Jahrhundert war dieser Platz das Zentrum des jüdischen Gettos. Auf Nummer 8 befindet sich das Misrachi-Haus, das 1694 erbaut wurde und heute eine Dependance des Jüdischen Museums beherbergt. Sein Kellergeschoss bietet Zugang zu archäologischen Funden aus dem Jahr 1995 – den Grundmauern einer der größten mittelalterlichen Synagogen Europas. In dieser Synagoge schlossen sich Gläubige während des Pogroms des Jahres 1420 ein, um gemeinsam den Freitod zu wählen. Der Habsburger Herzog Albrecht V. (1397–1439) ließ die übri-

gen Mitglieder der Gemeinde ermorden, die Synagoge schleifen und alle jüdischen Besitztümer beschlagnahmen. Auf der anderen Seite des Platzes steht das spätgotische »Jordanhaus«, eines der ältesten Häuser in Wien. Seine über 600 Jahre alte Inschrift bejubelt die Ermordung der Menschen jüdischen Glaubens.

Eine jüdische Gemeinde konnte sich erst wieder in Wien niederlassen, nachdem Kaiser Joseph II. (1741–1790) 1781 ein Toleranzpatent erließ. Die Gemeinde blühte bis zu Hitlers Machtergreifung auf. Auf Anregung von Simon Wiesenthal errichtete die Stadt Wien im Jahr 2000 ein Mahnmal für die 65000 österreichischen jüdischen Opfer der Schoah. Die britische Künstlerin Rachel Whiteread (geboren 1963) gestaltete einen gerippten weißen Kubus. Die Rechtecke sehen aus wie Buchrücken, als Sinnbild für die riesige Zahl von Lebensgeschichten, die grausam beendet wurden. Die Flügeltür zu dieser Bibliothek hat keine Klinken oder Schlösser. Ihr Wissen ist verloren.

Gotthold Ephraim Lessing wacht über den Judenplatz. Seine Statue wurde von den Nationalsozialisten eingeschmolzen, nach dem Krieg aber wieder errichtet – sozusagen als Angebot zur Versöhnung, hatte der deutsche Dichter in seinem Drama *Nathan der Weise* doch für ein friedliches Nebeneinander aller Weltreligionen plädiert.

Zeit für das jüdische Wien

Sehen und Erleben

Stadttempel, Seitenstettengasse 4. Klassizistischer Bau von Joseph Kornhäusel aus dem Jahr 1826. Über Führungen informiert das Jüdische Museum: Tel. 0-1-5350431311. www.jmw.at

Ruprechtskirche, Seitenstettengasse 5, Tel. 0-1-5356003, www.ruprechtskirche.at. Älteste Kirche Wiens. Im 8. Jahrhundert gegründet, im 12. Jahrhundert zum ersten Mal urkundlich erwähnt.

Denkmal für die Opfer des NS-Gewaltherrschaft (aus Mauthausener Granit), Morzinplatz.

Jüdisches Museum Judenplatz, Judenplatz 8, Tel. 0-1-5350431311, www.jmw.at. Archäologische Überreste einer Synagoge aus dem 15. Jahrhundert, Datenbank des Dokumentationsarchivs des österreichischen Widerstands mit Namen der 65 000 österreichischen Holocaust-Opfer.

Holocaust-Denkmal von Rachel Whiteread (2000), Judenplatz. Jordanhaus, Judenplatz 2. Spätgotisches Haus mit antisemitischer Inschrift.

Uhrenmuseum, Schulhof 2, Tel. 0-1-5332265, www.wien-museum.at. 3000 historische Uhren, eine der ältesten aus dem 16. Jahrhundert.

Essen und Trinken

Alef Alef, Desider-Friedmann-Platz 1, Tel. 0-1-5352530. Koscheres Restaurant (Fleisch) mit israelischen Spezialitäten.

Krah Krah, Rabensteig 8, Tel. 0-1-5338193. 30 Jahre altes Bierlokal mit entsprechender Patina. Riesenbrote.

Fabio's, Tuchlauben 6, Tel. 0-1-5322222. Wiens schickster Italiener. Reservierung ratsam.

Zum Schwarzen Kameel, Bognergasse 5, Tel. 0-1-5338125. Wiener Spezialitäten auf internationalem Niveau. Fast 400 Jahre altes Feinkostgeschäft und Restaurant. Jugendstil-Mobiliar.

Café Central, Herrengasse 14, Tel. 0-1-533376426. Malerisches Café im Palais Ferstel mit Arkadenhof. Hier »wohnte« der Literat Peter Altenberg.

Shopping

Freistil, Judengasse 4. Secondhand-Nostalgiekleidung. Fracks, Smokings, Opern-, Theater- und Abendaccessoires.

U-Bahn-Stationen

U1, U3 (Stephansplatz), U1, U4 (Schwedenplatz), U3 (Herrengasse).

Tipp der Autorin

Besonders vornehm ist die neo-venezianische Einkaufspassage im Palais Ferstel mit dem berühmten Café Central.

Mit der Bim im Kreis
Prachtbauten an der Ringstraße – fünf Kilometer Staunen

Gottfried Semper, Theophil Hansen, Heinrich Ferstel, Friedrich Schmidt, Karl von Hasenauer – sie gestalteten den Prachtboulevard, der sich, bestückt mit architektonischen Perlen, wie ein Collier um die Innere Stadt legt.

»Es war sehr schön, es hat mich sehr gefreut.« Dieser gleichgültig dahingesagte Satz ist untrennbar mit der Staatsoper auf der Ringstraße verbunden. Er wurde zu Kaiser Franz Josephs (1830–1916) Standardfloskel, wenn er einen offiziellen Besuch abstattete. Als er die neu erbaute Hofoper (heute Staatsoper) 1869 zum ersten Mal besuchte, kritisierte er die Tatsache, dass das Theater im Vergleich zu den anderen Bauwerken so niedrig war. Miterbauer Eduard van der Nüll erhängte sich daraufhin, sein Kollege August von Sicardsburg erlag zwei Monate später einem Herzinfarkt.

»Das erste Haus am Ring« wird die Staatsoper genannt. Und tatsächlich ist sie der ideale Ausgangspunkt für eine Umrundung der Ringstraße. Nach der Schleifung der Stadtmauern um die Innere Stadt wurde der ovale Boulevard 1857 als Prachtstraße konzipiert. Die schönsten Bauwerke des Habsburgerreiches sollten sich hier wie Perlen auf einer Kette aneinanderreihen. Fünf Kilometer ist die Ringstraße lang. All jene, die sich nicht auf Schusters Rappen fortbewegen wollen, tun gut daran, die Straßenbahnlinie 1 im Uhrzeigersinn bis zum Schwedenplatz zu nehmen.

Wer sich sofort zu einer Führung durch die Staatsoper entschließt, findet ein schlichtes Operninterieur vor. Bühne und Zuschauerraum wurden im Zweiten Weltkrieg zerstört. Nur im Foyer und in der Loggia finden sich noch die Original-Zauberflötenfresken von Moritz von Schwind aus den Jahren 1865–1868. Gustav Mahler (1860 bis 1911) verlieh der Oper in seiner Zeit als Direktor internationales Renommee. Seine von Auguste Rodin angefertigte Büste steht auf einem der Kamine im Schwind-Foyer.

Nächster Halt ist die Hofburg (siehe Kapitel 5). Gegenüber des Palasts ragen das Kunsthistorische und das Naturhistorische Museum imposant in den Raum. Die Zwillingsbauten im Neo-Renaissance-Stil mit den eindrucksvollen Kuppeln wurden 1891 von Gottfried Semper und Karl von Hasenauer fertiggestellt. Schon allein das Foyer des Kunsthistorischen Museums ist so prächtig, dass es

1 Ihre blauen Säulen verleihen der Hotelbar des »Le Meridien« das gewisse Etwas. **2** Leckere Drinks in der angesagten »Drings Bar« im Ring Hotel, das sich in lässigem Luxus gestylt hat. **3** Thonet-Schattenspiele im Museum für Angewandte Kunst. **4** Die Straßenbahn zischt am Ring an berühmten Bauwerken und Denkmälern vorbei.

einen Besuch wert ist. Die Besucher wandeln auf schwarz-weißen Marmorböden. Stuckmarmorsäulen sind mit vergoldeten Blättern geschmückt. Auf einer riesigen Freitreppe ringt ein muskelbepackter Theseus von Antonio Canova (1757–1822) mit den Kentauren. Die Lünettensäulen und Zwickelallegorien im Treppenhaus haben Hans Markart, Ernst und Gustav Klimt sowie Franz Matsch gestaltet.

Die Sammlung des Kunsthistorischen Museums umfasst viele Schätze, die Mitglieder der Habsburger Regentenfamilie anhäuften. In der Kunstkammer im Erdgeschoss steht Benvenuto Cellinis (1500–1571) Saliera hinter Panzerglas. 2003 wurde das 26 Zentimeter hohe, goldene Salzgefäß gestohlen. Der Dieb muss eine Freude an der erotischen Kleinskulptur gehabt haben. Der Meeresgott Neptun streckt darauf der Erdgöttin Tellus seinen phallusartigen Stab entgegen. Die hübsche Göttin wiederum dreht lasziv an ihrer Brustwarze. Dem Dieb wurde die Sache dann doch zu heiß, und 2006 stellte er sich über Umwege den Behörden.

Die Gemäldegalerie im ersten Stock vereint 800 Werke allerersten Ranges. Dabei stellen die Gemälde nur ein Zehntel des tatsächlichen Museumsbesitzes dar. Die Meisterwerke sind streng nach geografischer Region geordnet: Italiener, Franzosen und Spanier auf der

einen Seite, Künstler aus deutschsprachigen Ländern, Niederländer und Flamen auf der anderen. Aus der Zeit, als die Habsburger die Niederlande beherrschten, stammen die Gemälde von Pieter Bruegel dem Älteren (1525–1569). Er stellte das Bauernleben in lebhaften Details dar. In seinem Werk »Kinderspiele« vergnügen sich 230 Buben und Mädchen bei 83 verschiedenen Spielen. Früchte, Gemüse, Fische und Bücher – daraus setzte der Renaissance-Maler Giuseppe Arcimboldo (1527–1593) seine Porträts zusammen. 500 Jahre später nahmen Surrealisten wie Salvador Dalí bei ihm Anleihen. Auch Albrecht Dürer, Tizian, Velazquez, Vermeer, Rubens und Rembrandt sind im Museum vertreten. Besucher nehmen sich am besten mehrere Stunden Zeit, um die Sammlung eingehend zu studieren, auch die ägyptischen und die antiken Funde.

Weit älter als alle Objekte im Kunsthistorischen Museum ist das Glanzstück des Naturhistorischen Museums. Die elf Zentimeter große Venus von Willendorf wird auf ca. 23 000 Jahre geschätzt. Mit ihren prallen Brüsten symbolisiert die Kalksteinfigur die pure Fruchtbarkeit. Ansonsten ist das Museum stark dem 19. Jahrhundert verhaftet. Unzählige ausgestopfte Tiere, Mineralien und Meteoritenstücke geben Einblick in die reiche Vielfalt der Erde und des Alls.

Die Kommunalangelegenheiten der Stadt Wien regelt das benachbarte Rathaus, eine neogotische Fantasie von Friedrich von Schmidt (1825–1891) mit Hunderten Spitzbögen. Auf dem höchsten Turm des Baus thront der Rathausmann, ein 3,50 Meter großer Ritter mit Standarte. Er lebt auf großem Fuß, sein eiserner Schuh entspricht der Größe 63. Am besten erkunden Besucher das Innere des Rathauses im Frühling beim Concordia-Ball des P.E.N.-Clubs. Tänzer haben im riesigen Festsaal viel Platz für ihre Walzerdrehungen. An seinen beiden Enden spielt ein Orchester abwechselnd auf eigens dafür vorgesehenen Balkonen.

Wien-Besucher legen während der warmen Jahreszeit auch gern eine Ruhepause im Rathaus-Park ein. Im Juli und August flimmern dann nach Sonnenuntergang Opernfilme über den großen Bildschirm. Die Zuschauer laben sich dabei an Köstlichkeiten aus aller Herren Länder, die auf den Buden am Platz zubereitet werden.

Gegenüber vom Rathaus steht die größte deutsche Theaterbühne, das Burgtheater. Der Neo-Renaissance-Bau aus dem Jahr 1888 wurde ebenfalls von Semper und Hasenauer konzipiert. Zu beiden Seiten führen prächtige Feststiegen mit Fresken von den Klimts und Franz Matsch zum Zuschauerraum. Kaiser Franz Joseph gefielen die Malereien so sehr, dass er die Künstlerkompagnie rund um die

1 Fresken im Stiegenhaus der Wiener Staatsoper. **2** In der »Conditorei Sluka« in den Rathausarkaden treffen sich die Politiker. **3** Museale Kulinarik: Im Kunsthistorischen Museum wird aufgetischt. **4** Zu Weihnachten erstrahlen Tausende von Glitzerlichtern am Rathausplatz.

Klimts mit dem goldenen Verdienstkreuz auszeichnete. Außerdem kam er gern ins Theater, weil seine Geliebte Katharina Schratt viele Jahre Mitglied des Ensembles war.

In unmittelbarer Nähe zum Burgtheater, auf der Mölker Bastei, findet sich noch ein Überrest der alten Wiener Stadtmauer. Die Bewohnerinnen des entzückenden Biedermeier-Dreimäderlhauses auf der Bastei sollen angeblich von Franz Schubert verehrt worden sein. Im angrenzenden Pasqualati-Haus schrieb Ludwig van Beethoven seinen »Fidelio«.

Den Großteil der geisteswissenschaftlichen Fakultät der Wiener Hochschule beherbergt die Universität am Schottenring. Heinrich von Ferstel (1828–1883) brachte den Neo-Renaissance-Bau 1883 zur Vollendung.

Wer studiert, kann hoffentlich auch einen guten Beruf ergreifen. Wer sein Geld anschließend investieren will, kann dies auf der Wiener Börse auf der anderen Seite der Straße tun. Theophil Hansen

1 Wahrlich majestätisch gibt sich die Lobby des Hotel Imperial. **2** Der nostalgische Charme des Hotelrestaurants. **3** Im Hotel Imperial übernachtete auch schon die Königin von England. **4** Das Hotel war früher ein herzogliches Palais. **5** Perfekt für den Hollywood-Auftritt: die Treppe des Grand Hotel. **6** Das französische Gourmet-Hotelrestaurant Le Ciel. **7** Wahrer Luxus im Grand Hotel.

6

7

1 Johann Strauß geigt im Stadtpark zur Hochzeit. 2 Das Museum für Angewandte Kunst vereinigt eine reiche Sammlung von Kunstgewerbegegenständen. 3 Strahlendes Personal begrüßt die Gäste im Palais Coburg.

gestaltete 1877 einen eindrucksvollen, mit Säulen und Figuren geschmückten Ziegelbau. Im dem nach ihm benannten Börse-Restaurant mit Innenhofgarten werden mediterrane Gerichte serviert. Im Souterrain der »Römischen Markthalle« befindet sich der Blumenladen Lederleitner. So durchweht das Gebäude mit dem hektischen Innenleben ständig ein Blumenduft.

Der Ringturm ist vergleichsweise ein »Newcomer« auf der Prachtstraße. Der Sitz der »Vienna Insurance Group« wurde 1957 eröffnet, ganz unverziert, im Stil der Moderne. An dieser Stelle biegt die Straßenbahn auf den Franz-Josephs-Kai ab. Der Donaukanal am Kai ist Wiens neue Partymeile. Das Donauschiff »Adria Wien« wurde in ein stationäres Badeschiff verwandelt. Am obersten Deck schwimmen Besucher in einem großen Pool. Am Sonnendeck entspannen sie sich bei einem Cocktail. Wiens neueste Restaurantsensation, das »Motto am Fluss«, ist ein riesiger Glaspalast mit Discjockeys und Musik-Line-Up, Café, Restaurant und Shop.

Um die Ringstraßenrundfahrt zu beenden, steigt man am Schwedenplatz gegenüber dem Donaukanal in die Tram der Linie 2. Gleich an der nächsten Haltestelle bietet sich ein Besuch des Museums für Angewandte Kunst an. Das Kunstgewerbemuseum wurde dem »Victoria & Albert Museum« in London nachempfunden. In wunderbar konzipierten Galerien werden die Highlights der Sammlung ausgestellt: Spitzengewebe aus der Renaissance, ein ganzer barocker Porzellanraum aus dem Palais Dubsky in Brünn, Gustav Klimts Entwürfe für das Palais Stocelet in Brüssel sowie die Frankfurter Küche von Margarete Schütte-Lihotzky, die 1926 als eine der ersten ArchitektInnen die Handlungsabläufe in der Küche rationalisierte.

Etwas weiter oben am Parkring liegt der im wilden englischen Landschaftsstil gestaltete Wiener Stadtpark. Vor der goldenen Johann-Strauß-Figur lassen sich Reisende gern fotografieren. In der alten Meierei hat sich Österreichs meistprämiertes Restaurant, das »Steirereck«, angesiedelt. Es kredenzt 120 Arten von Käse sowie Leckerbissen wie Flusskrebse mit Pastinaken-Milchrahmstrudel und Limetten.

Eines von Wiens edelsten Hotels versteckt sich gleich hinter dem Marriott-Hotel am Parkring. Das »Palais Coburg«, der ehemalige Familiensitz der Adelsfamilie Sachsen-Coburg, wurde im Jahr 2003 für

Übernachten

Palais Coburg***, Coburgbastei 4, Tel. 0-1-518180, Fax 0-1-51818100, www.palais-coburg.com.** Neuestes Edel-Suitenhotel in aristokratischem Ambiente, exklusiver Weinkeller und Weinbistro.

Grand Hotel Wien***, Kärntner Ring 9, Tel. 0-1-515800, Fax 0-1-5151310, www.grandhotelwien.com.** Perfekt nachgebildetes Hotel in Wiens ältestem Hotelbau.

The Ring**, Kärntner Ring 8, Tel. 0-1-22122, Fax 0-1-22122900, www.theringhotel.com.** *Casual-luxury*-Hotel mit angesagter Bar »drings« und Restaurant mit aromatischer Küche.

Essen und Trinken

Restaurant Hansen, Wipplinger Straße 4, Tel. 0-1-5320542. Elegantes mediterranes Restaurant in der Börse.

Steirereck, Am Heumarkt 2a, Tel. 0-1-7133168. Im Stadtpark. Unter den 30 weltbesten Restaurants.

Ein Wiener Salon, Stubenbastei 10, Tel. 0-660-6542785. Wiens innovativ-witzige Interpretation des Habsburger Erbes. Jeden Abend ein anderes Menü. Reservierung empfehlenswert.

Badeschiff, Obere Donaustraße 97–99. Holy-Moly-Restaurant. **Tel. 0-660-6541271784.** Swimmingpool und Chill-out-Zone.

Conditorei Sluka, Rathausplatz 8, Tel. 0-1-4068896. Bei Grand Marnier-Torte und Petits Fours geben sich die Rathausbeamten seit 1891 ein Stelldichein.

Straßenbahnen

1 (Staatsoper-Schwedenplatz), 2 (Schwedenplatz-Staatsoper).

Tipp der Autorin

Motto am Fluss, Schwedenplatz 2. Gestylter Chill-out-Tempel am Donaukanal.

100 Millionen Euro renoviert. Viele der Gästezimmer des Fünf-Sterne-Suitenhotels haben einen eigenen Garten mit Blick auf die Ringstraße und sind über 100 Quadratmeter groß. Im Weinkeller werden edle Tropfen im Gesamtwert von 25 Millionen Euro gelagert. Er wurde tief im Erdreich angesiedelt, sitzt das Palais doch auf einem Teil der alten Stadtmauer auf, die türkische Belagerer zu untergraben versuchten.

Fährt man von hier mit der Straßenbahn weiter in Richtung Oper, kommt man noch an zwei außergewöhnlichen Hotels vorbei. Das Grand Hotel Wien sperrte bereits 1870 auf und wurde nach verschiedenen Nutzungen im Jahr 2002 restauriert. Das Mobiliar in seinen 250 Zimmern und Suiten ist so perfekt nachgebildet, dass man meint, es könnte noch aus der Belle-Époque-Zeit stammen.

Das Schwesterhotel »The Ring« gegenüber setzt auf *casual luxury*. Es wurde 2006 total entkernt und modern umgestaltet. Hier steigen die Tennisgrößen für die Bank Austria Tennis Trophy ab und relaxen im hauseigenen Spa mit herrlichem Blick über die Ringstraße. Oder sie genießen die mit aromatischen Ölen verfeinerten Spezialitäten im Restaurant »at eight«. All jene aber, die brav fünf Kilometer um die Ringstraße gestapft sind, verdienen sich einen »Roberto Cavalli Luxury Cocktail« mit Wodka in der angesagten Hotelbar »drings«.

Nestroys Nachfahren
Wiener Theaterwelt – es ist alles Chimäre

Von Oper bis Kabarett, vom Musical bis zum multikulturellen Ensemblestück – in Wiens über 100 Schauspielhäusern findet alles statt. Johann Nestroy, der Vater des Wiener Volkstheaters, wäre stolz.

»Krawuzi kapuzi«, schreit der Kasperl, wenn ihn etwas ganz besonders aufregt. Der Superstar vom »Urania Puppentheater« begeistert Kinder schon seit über 50 Jahren. Und das nicht nur auf der Bühne am Franz-Josefs-Kai, sondern auch am Mittwoch um 17 Uhr im österreichischen Fernsehen. »Krawuzi kapuzi«, schreit der Kasperl auch auf der Bühne des »Palais Novak«, eines Zelttheaters bei den Gasometern im 11. Bezirk. Diese Aufführung hat jedoch ein »striktes Jugendverbot«. Kasperl und sein Freund Pezi nehmen hier nämlich die sexuellen (Un)Gepflogenheiten der Österreicher sowie den politischen Intrigantenstadl aufs Korn. Das »Palais Novak« ist eine Außenstelle des Kabarett Simpl, des ältesten Wiener Kabaretts. Aus ihm gingen Größen wie Karl Farkas und Ernst Waldbrunn hervor, die tagesaktuelle Themen mit großem Wortwitz und perfektem Timing aus dem Stegreif kommentierten. Sie griffen damit die Tradition des Nestroy'schen Couplets auf. Der Dramatiker und Schauspieler Johann Nestroy (1801–1862) verstieß zu seiner Zeit gern mit improvisierten Reimen gegen die Zensur. Seine Stücke werden auch heute noch in Österreichs wichtigstem Theater, dem Burgtheater, aufgeführt. Und freilich reimen sich die Schauspieler ihre eigenen Couplets zusammen. Die Zensur haben sie ja heute großteils nicht mehr zu fürchten.

Mehr als 100 Theater sorgen in Wien für ein sehr abwechslungsreiches Programm. Viele Besucher kommen wegen des Musicals in die Stadt. Das Raimundtheater und das »Ronacher« bringen Publikumshits wie »Tanz der Vampire« und Udo Jürgens' »Ich war noch niemals in New York« auf die Bühne. Auch die Habsburger liefern genug Stoff, um ihr Leben szenisch darzustellen. Fern jedes Sisi-Mythos leidet die Weltschmerz-Kaiserin im Musical »Elisabeth« ihrem tragischen Ende zu. Ihr Kronprinzensohn wurde im Musical »Rudolf« Gegenstand von neuen Interpretationen.

Aber auch die Wiener Staatsoper brachte den »Mayerling«-Stoff schon als Ballett auf die Bühne. Produktionen der Staatsoper bleiben über Jahre im Programm. Frischer tritt dagegen das neue

1 Im Theater in der Josefstadt dirigierte einst Ludwig van Beethoven. **2** Das Kabarett Simpl perfektionierte die Kunst der Doppelconference. **3** Das Theater an der Wien ist eine der wichtigsten Opernbühnen der Stadt. **4** Hochtempel der Sprechkunst: das Burgtheater.

1 Daniel Paul Schrebers Paranoia liefert Stoff für eine Produktion des
»3Raum-Anatomietheaters«. 2 Publikumslieblinge Karlheinz Hackl und
Maresa Hörbiger im »Theater zum Himmel«. 3 und 5 Das Theater an der
Wien in all seiner Pracht. 4 Auch Kleinkunst wird in Wien gefördert.

Opernhaus im Theater an der Wien auf den Plan. Seit Januar 2006
bringt es jeden Monat eine neue Oper auf die Bühne – immer nur
für ein paar Vorstellungen, sodass sich Musikliebhaber beeilen müssen, eine Karte zu ergattern. Im Gegensatz zur Staatsoper wechselt
die Besetzung während dieses Zeitraums nicht. Schon allein die
Postergestaltung macht den innovativen Ansatz deutlich. Für Daniel
Catáns Auftragsoper »Il Postino« über den chilenischen Dichter
Pablo Neruda blickt ein zwiespältiges Gesicht von der Litfaßsäule:
auf der einen Seite mit Krausemähne und braunen Augen, auf der
anderen Seite mit blauen Augen und kurzem blonden Haar.
Eines der preisgünstigsten traditionellen Theater ist das Volkstheater hinter dem Museumsquartier. Seit seiner Gründung im Jahr
1889 hat es sich zum Ziel gemacht, klassische und moderne Dra-
men einer breiten Bevölkerungsschicht zugänglich zu machen. So
entdeckte es zum Beispiel auch moderne österreichische Autoren
wie Wolfgang Bauer (1941–2005) und Peter Turrini (geboren 1944),
die Bewegung in die postfaschistische Gesellschaft brachten. Heute
stehen hier Publikumslieblinge wie der Kabarettist Andreas Vitasek
auf der Bühne, der den »Frosch« in der Operette *Fledermaus* auf
ganz lässige Weise interpretiert. An einem Sonntag im Monat verwandelt sich seine »Rote Bar« in einen Tangosalon, in dem getanzt
wird, bis die Schuhsohlen heiß werden.
Das Theater in der Josefstadt, das 1788 gegründet wurde, ist die
älteste noch bestehende dramatische Institution in Wien. Hier de-
bütierte Johann Nestroy 1829 als Schauspieler und Bühnenautor
mit dem Stück *Die Verbannung aus dem Zauberreich*. Auch Richard
Wagners für die Hofoper zu sittenloser *Tannhäuser* erlebte hier
seine Wiener Premiere. Heute spezialisiert sich das Ensembletheа-
ter auf Stücke von Arthur Schnitzler und Anton Tschechow, aber
auch John von Düffels Bühnenfassung von Thomas Manns *Budden-
brooks* steht auf dem Programm.
Äußerst originell ist Hubsi Kramars »3Raum Anatomietheater« im
ehemaligen Anatomiegebäude des veterinärmedizinischen Instituts
in der Beatrixgasse. Wenn Kramar Oscar Wilde inszeniert, dann ver-
fließen die Geschlechtergrenzen. Das Publikum ist amüsiert und ir-
ritiert zugleich. Und so soll es auch sein: Hier passiert Theater, das
die Zuschauer an ihr eigenes Limit bringt.

Zeit für die Theaterwelt

Sehen und Erleben

Kabarett Simpl, Wollzeile 36, Tel. 0-1-5124742, www.simpl.at. Österreichs ältestes Kabarett, 1912 gegründet. Michael Niavarani und Victor Gernot nehmen alle in Österreich aufs Korn, vom größenwahnsinnigen Politiker bis zum Verkäufer der Obdachlosenzeitung. Das »Simpl« bespielt auch das »Vindobona« und das »Palais Novak«.

Ronacher und Raimundtheater, Wallgasse 18–20 bzw. Seilerstätte 9, beide: Tel. 0-1-58885, www.musicalvienna.at. Wiens große Musicalbühnen in altehrwürdigen Theatern. Von »Cats« bis »Ich war noch niemals in New York« wurde hier schon alles gespielt.

Theater an der Wien, Linke Wienzeile 6, Tel. 0-1-58885, www.theater-wien.at. Hier ist Oper aufregend frisch. Monatlich wechselnde Produktionen, Schwerpunkte Barock und 20./21. Jahrhundert.

5

Volkstheater, Neustiftgasse 1, Tel. 0-1-521110, www.volkstheater.at. Dieser Neo-Renaissance-Bau wurde 1889 dem Hamburger Schauspielhaus nachempfunden. Komödien und anspruchsvolle Stücke. In der »Roten Bar« wird einmal im Monat sonntags Tango getanzt. Programm für die Außenbezirke.

Theater in der Josefstadt, Josefstädterstr. 26, Tel. 0-1-42700, www.josefstadt.org. Wiens ältestes bestehendes Theater. Schwerpunkt auf Fin-de-Siècle-Stücke. Gediegen.

3Raum Anatomietheater, Beatrixgasse 11–17, Tel. 0-1-6503233377, www.3raum.or.at. Schon allein der Spielort ist ungewöhnlich: ein ehemaliger Seziersaal der veterinärmedizinischen Fakultät mit Metallhaken an der Wand. Hubsi Kramars Avantgarde-Theater hinterfragt soziopolitische Gegebenheiten: So zeigte er z.B. die »Medienpornografie« über den Fall Fritzl in seinem (von Polizei überwachten!) Stück »Pension F.« auf.

Tipp der Autorin

Wiener Musikverein. Bösendorferstr. 12, Tel.: 0-1-5058190, www.musikverein.at. Klassik vom Feinsten in Österreichs erstem Konzerthaus.

4

Aber bitte mit Schlagobers!
Kaffeehäuser – Streifzüge im Zeichen der braunen Bohne

In Wien fällt es schwer, auch nur ein Gramm Gewicht zu verlieren. Über 1000 Cafés und Konditoreien locken mit ihren süßen Versuchungen. Und allen amerikanischen »Coffee-to-go«-Filialen zum Trotz schmeckt der braune Muntermacher im traditionellen Kaffeehaus wirklich noch am besten.

Vera und Doris wissen schon, was sie im Rentenalter machen werden: jeden Tag in ein anderes Kaffeehaus gehen. Die Physiotherapeutin und die Investment-Bankerin, beide 45 Jahre alt, werden sich dann keinen Deut mehr um die schlanke Linie scheren und sich den süßen Verführungen hingeben: jede Menge Krapfen, Cremeschnitten und Grand-Marnier-Torten steigen vor ihrem geistigen Auge auf. Und dazu eine Melange, die wienerische Variante des Cappuccinos, mit viel Schlagobers.

Sie haben die Qual der Wahl: Über 1000 Kaffeehäuser verbreiten den Duft der braunen Bohne in ganz Wien. Viele von ihnen umweht noch das Flair des Fin-de-Siècle. Gäste sitzen auf Bugholzstühlen der Marke Thonet und bekommen den Kaffee in einer weißen Porzellantasse auf dem Silbertablett serviert. Das obligate Glas Wasser dazu darf natürlich nicht fehlen. Die Kellner im schwarzen Anzug und mit schwarzer Fliege werden in Wien respektvoll mit »Herr Ober« angesprochen. Und sie können ganz schön launisch sein. Ist ein Kunde nicht gerade Stammgast, dann kommt es schon vor, dass ihn der Kellner an den Katzentisch beim Klo verweist.

Um die Wende vom 19. zum 20. Jahrhundert war das Kaffeehaus ein Hort des literarischen Schaffens. Künstler wie Peter Altenberg, Karl Kraus und Arthur Schnitzler trafen sich hier, um Ideen auszutauschen und ihre Aphorismen, Essays und Theaterstücke zu Papier zu bringen. Man plauderte, rauchte und trank ein Glas Wasser nach dem anderen, denn in Wien ist es nicht nötig, nach der ersten Bestellung weiter zu konsumieren – und das Wasser ist kostenlos. Da kommt kein lästiges »Darf's noch etwas sein?« oder »Kann ich dann die Rechnung bringen?«.

Natürlich ist besonders das historische Stadtzentrum voll mit Kaffeehäusern. Direkt im Herzen des 1. Bezirks, gleich hinter dem Stephansdom, findet man eines der schönsten: das »Café Diglas« in der Wollzeile. Die Gäste sitzen hier auf gemütlichen, mit weinrotem Samt überzogenen Bänken und beobachten durchs Fenster die Pas-

1 Wiener bestellen am liebsten eine Melange. **2** Im Café Bräunerhof führt am Wochenende ein Trio Kammermusik auf. **3** Stanitzel mit Schlagobers und Erdbeeren – wer kann da widerstehen? **4** Im Café Schwarzenberg an der Ringstraße pflegen Besucher die Konversationskunst.

1 Walzerklänge erfüllen das Café Sperl. **2** Gäste spielen eine Runde Billard. **3** Nette Ober und zufriedene Gäste im Café Bräunerhof. **4** Leckere Fruchtschnitten und Bananentorten in der Auslage. **5** In Kaffeehäusern kann man in vielen Zeitungen schmökern. **6** Ein Besucher vertieft sich im Café Hawelka in seine Lektüre. **7** Die Paneele im Café Goldegg sind mit feinsten Intarsien verziert.

1 Konditorwaren der Spitzenklasse fertigen Zuckerbäcker in der Konditorei Demel an. **2** Das Café Sperl in der Gumpendorferstraße empfängt Gäste schon seit 1880. **3** Schubert und Beethoven passen gut zum samstäglichen Apfelstrudel.

santen beim Einkaufsbummel. In einer Vitrine stehen frisch gebackene Mehlspeisen noch auf dem Blech: eine Fächertorte mit Apfel-, Mohn- und Nussfüllung, eine sicherlich 20 Zentimeter hohe Fruchtschnitte aus Biskuit, mit Zitronencreme, Beeren und Gelee, und eine Schwarzwälder Kirschtorte, die ihr schokoladiges Aroma im Raum verbreitet.

Das »Diglas« ist so etwas wie ein Insidertipp. Das ebenfalls in der Nähe des Stephansdoms gelegene Café Hawelka in der Dorotheergasse mit der rauchigen Patina wurde hingegen schon erfolgreich besungen: Der Wiener Liedermacher Georg Danzer sah in seinem Lied »Jö schau« einen Nacktflitzer durch den Künstlertreff sausen.

Am Ring beim Burgtheater sonnen sich Gäste im Sommer auf der weitläufigen Terrasse des Café Landtmann. Diese Wiener Institution aus dem Jahr 1873 bekam vor ein paar Jahren einen modernen Wintergarten, der sich trotz seines modernen Auftritts harmonisch in das historische Ambiente einfügt und den Raum mit viel Licht erfüllt.

Schauspieler treffen hier Journalisten zum Frühstücksinterview und lassen sich ein Ei im Glas servieren, wachsweich gekocht. Dazu schmeckt ein Butterkipferl am besten. Bei einem Spaziergang um den Ring kann man auch noch beim U-förmigen Café Prückl auf dem Stubenring haltmachen, das elegant im Stil der 1950er-Jahre mit kegelförmigen, perforierten Leselampen ausgestattet ist.

Zeit für Kaffeehäuser

Essen und Trinken

Café Diglas, Wollzeile 10, Tel. 0-1-5125765, www.diglas.at. Wunderschönes Ambiente gleich hinter dem Stephansplatz. 20 Zentimeter hohe Mehlspeisen!

Café Hawelka, Dorotheergasse 6, Tel. 0-1-5128230, www.hawelka.at. Das wohl berühmteste Kaffeehaus Wiens, Gegenstand von Georg Danzers Hit.

Café Landtmann, Dr. Karl-Lueger-Ring 4, Tel. 0-1-24100-110, www.landtmann.at. Historisches Kaffeehaus gleich neben dem Burgtheater. Schöner Wintergarten und große Terrasse. Kellertheater.

Café Prückl, Stubenring 24, Tel. 0-1-5126115, www.prueckl.at. U-förmiges Kaffeehaus im Fifties-Look. Gleich neben Otto Wagners Postsparkasse.

Café Schwarzenberg, Kärntner Ring 17, Tel. 0-1-5128998, www.cafe-schwarzenberg.at. Schönes Eckcafé an der Ringstraße mit Schanigarten und Blick auf die Karlskirche.

Café Griensteidl, Michaelerplatz 2, Tel. 0-1-5352692, www.cafegriensteidl.at. Perfekt restauriertes Kaffeehaus gegenüber der Hofburg. Reines Nichtraucherlokal.

Café Bräunerhof, Stallburggasse 2, Tel. 0-1-5123893, www.braeunerhof.at. Das Stammcafé von Thomas Bernhard hinter dem Dorotheum. Hier gibt es so viele Zeitungen wie sonst nirgendwo. Walzermusik am Wochenende.

Café Sperl, Gumpendorferstraße 11, Tel. 0-1-5864158, www.cafesperl.at. Traditionsreiches Kaffeehaus hinter dem Theater an der Wien. Schriftsteller Robert Menasse und Michael Köhlmaier sind hier Stammgäste.

Café Drechsler, Linke Wienzeile 22/Girardigasse, Tel. 0-1-5812044, www.cafedrechsler.at. Niemand Geringerer als der englische Designer Terence Conran gestaltete dieses Kaffeehaus beim Naschmarkt behutsam um. Speisen stehen in hübscher Schreibschrift an der Wand.

Café Ritter, Mariahilfer Straße 73, Tel. 0-1-5878238, www.caferitter.at. An Wiens geschäftigster Einkaufsstraße. Traditionelle Patina. Fairtrade-Kaffee.

L. Heiner Hofzuckerbäcker, Kärntner Straße 21–23 und Wollzeile 9, Tel. 0-1-5126863 und 0-1-5122343. Heiners Konditoreiwaren sind fast zu schön zum Essen.

Aida, Singerstraße 1 (neben Stephansdom), Wollzeile 28, Opernring 7 und Rotenturmstraße 24. Mild gerösteter Kaffee, leckere Süßspeisen, Wiens beste heiße Schokolade in Lokalen im Fifties-Look.

Tipp der Autorin

Großer Brauner, Einspänner, Kapuziner: Wer Wien besucht, muss die vielen Kaffeespezialitäten kosten. Besonders feudal: die Kaisermelange, ein großer Mokka mit Eidotter, Honig und Cognac.

Ein verborgenes Juwel ist das Café Goldegg in der Nähe des Belvedere. Seine Wandtäfelung besteht aus feinen Intarsienarbeiten, und ein kunstvoll geschmiedeter Holzofen erinnert an eine Zeit, als es noch keine Zentralheizungen gab. Stammgäste treffen sich hier gern zum Billard-Spielen.

Wiens Konditoreien zaubern essbare Luxusprodukte aus ihren Backöfen – fast zu schön, um verspeist zu werden. Seit über 170 Jahren ist die Hofzuckerbäckerei »Heiner« in Familienbesitz. Das Stammhaus in der Wollzeile und die Filiale in der Kärntner Straße produzieren süße Marzipanschweinchen und mit Nougat gefüllte Pariser Spitzen, für die nur reine Naturprodukte verwendet werden.

Ihre Trademark-Farbe Rosa und ihren Fifties-Look hat die Konditoreikette »Aida« schon seit über 50 Jahren. Sie wurde so richtig populär, als in den 1950er-Jahren die italienischen Espresso-Bars Wien überschwemmten. Und auch heute schmeckt der mild geröstete Kaffee hervorragend. Eine fast verbotene Leckerei ist jedoch die heiße Schokolade: Dick-cremig zerfließt sie im Mund. Und dazu lässt man sich eine Joghurt-Mandarinen-Schnitte schmecken. Die ist schon eher was für die schlanke Linie – und mit so einem leichten Genuss muss frau nicht bis zur Rente warten.

Christkind und Nikolo
Wien zu Weihnachten – ein Hoch auf Punsch und Stollen

Ab Mitte November zelebriert die Stadt die nicht wirklich stille Zeit. Weihnachtsmärkte an historischen Plätzen werden zum Treffpunkt für ausgelassene Glühwein-Dates. Und süße Spezialitäten wie Vanillekipferl stehen immer griffbereit.

»Ham Sie vielleicht mit da Glllocke geläutet?«, fragt ein allzu fröhlicher Wiener die Schankdame beim Punschstand auf dem Michaelerplatz. Seine Nase leuchtet rot, seine Augen sind von einem leichten Alkoholglanz überzogen. Und die Glocke will er deshalb dauernd läuten hören, weil der Stand zu jeder vollen Stunde Freipunsch ausschenkt.

Advent in Wien: Dann durchzieht ein ganz besonderer Duft die Innere Stadt – von heißem Rum und Gewürzen, von Glühwein und gerösteten Nüssen. Die Vorweihnachtszeit wird auf Dutzenden Märkten und an vielen über die ganze Stadt verstreuten Punschständen zelebriert. Eine Weihnachtstour durch die Stadt beginnt am besten auf der Ringstraße. Wenn sich Wien in ein weißes Kleid hüllt, dann übt es seinen größten Zauber aus: Auf den Denkmälern von Goethe und Schiller türmt sich der Schnee. Die alten Laternen verbreiten abends ein goldenes, weiches Licht. Und der Christkindlmarkt, Wiens traditionellster Weihnachtsmarkt vor dem ehrwürdigen Rathaus, zeigt sich in seiner ganzen Glitzerpracht. Unzählige Glaskugeln für den Weihnachtsbaum und Millionen Meter Lametta hängen da an den kleinen Holzhütten. Alle Arten von Spielzeug lassen das Kinderherz höher schlagen. Und auch das Christkind daselbst residiert am Markt. Jedes Jahr wird eine andere junge Frau dazu auserkoren, die in Österreich und süddeutschen Gebieten verbreitete Fantasiefigur zu mimen. Dass sie blonde Haare und blaue Augen hat, ist in multikulturellen Zeiten etwas fragwürdig und wird sich in der Zukunft auch hoffentlich ändern.

Auch vor der prächtigen Kulisse des Naturhistorischen Museums am Maria-Theresia-Platz hat sich ein kleiner Markt angesiedelt. Neben netten Holzspielsachen gibt es auf diesem Markt auch Wildschweinleberkäse, am besten in einer Semmel mit Estragonsenf genossen. Ein paar Gehminuten von hier kommt in den Biedermeiergässchen des Spittelbergs romantische Stimmung auf. Zwischen den niedrigen Häusern verkaufen Kunsthandwerker ihre Ware:

1 Das Hotel »The Ring« erstrahlt in weihnachtlichem Glanz. **2** Winterliche Auslage auf der Mariahilfer Straße. **3** Wachskerzen, Christbaumkugeln, türkischer Honig: Auf dem Spittelberg-Markt wird vieles feilgeboten. **4** Auf dem Kohlmarkt sind die Schneeflocken zu Gold erstarrt.

bemalte Seidentücher, schönen Silberschmuck – passende Geschenke für den individuellen Geschmack.

Auch vor den beiden wichtigsten Sommerpalästen, Schloss Schönbrunn und Belvedere, finden Weihnachtsmärkte statt. Und die angebotenen Punschsorten werden jedes Jahr außergewöhnlicher: Von Marillen-Ingwerpunsch über Williamsbirnenpunsch bis zu exotischem Thai-Punsch gibt es hier vieles zu verkosten. Schönbrunn versucht, sich von anderen Weihnachtsmärkten zu unterscheiden, indem es seinen »naturverbundenen« Aspekt herausstreicht: 70 Aussteller bieten hier handgefertigten Christbaumschmuck und Krippen zum Verkauf an, und auch das Spielzeug besteht ausschließlich aus natürlichen Materialien. Auf der Bühne stimmen österreichische und internationale Chöre sowie Gospelgruppen und Bläserensembles Weihnachtslieder an.

Ab Mitte November können Besucher über die Weihnachtsmärkte bummeln. Wer sich am 5. und 6. Dezember in der Stadt aufhält, wird dem Krampusrummel nicht entgehen. Der »Nikolo« kommt in Österreich nämlich immer in Begleitung eines mit Ketten rasselnden Teufeltiers, dem »Krampus«, der Kinder nur allzu gern verschreckt. Der inoffizielle »Festtag« des Krampus ist der 5. Dezember. In verschiedenen Bars und Cafés finden dann Krampus-Kränzchen statt:

Die in die Höllenfarben Schwarz und Rot gekleideten Gäste kommen sich beim Tanzen näher. Dann kann es schon sein, dass mancher Popo eines mit der Rute drübergezogen bekommt.

Nicht nur Dresden, sondern auch Wien hat eine Stollentradition. Den besten finden Feinschmecker in der »Kurkonditorei Oberlaa«. Der »Oberlaaer Christstollen« strotzt vor Haselnüssen, Arancini, Zitronat, Rosinen und Orangenmarzipan. Zimt und Kardamom verleihen ihm die gewisse Geschmacksnote, die ihn von anderen Backwerken unterscheidet. Und nirgendwo entkommt man der Weihnachtsbäckerei: Vanillekipferln, Rumkugeln und kleine, mit Marillenmarmelade gefüllte Linzer Augen munden zu Kaffee und Glühwein.

Jedes Jahr investiert die Stadt Wien auch große Summen in seine Weihnachtsbeleuchtung. Meterhohe »Kristalllüster« aus Tausenden kleinen Glühbirnen erleuchten den Graben vor dem Stephansdom. Gleich um die Ecke, in der Rotenturmstraße, schweben riesige rote Glitzerbälle durch die Luft. Graben und Rotenturmstraße bilden auch das Epizentrum des Silvesterrummels. Wenn die Pummerin am Stephansdom das neue Jahr einläutet, schießen Tausende Feuerwerksraketen in die Luft und erhellen den Himmel mit ihrem Sprühregen. Und schon freut man sich auf nächstes Jahr, wenn die Weihnachtssaison von Neuem beginnt.

The Ring

Zeit für Weihnachten in Wien

Sehen und Erleben

Alle Weihnachtsmärkte sind von Mitte/Ende November bis zum 24. Dezember geöffnet.

Christkindlmarkt am Rathausplatz. Wiens traditionellster Markt. Hier steht auch der zwölf Meter breite Weihnachtsbaum. Aktivitäten für Kinder wie Bienenwachswaben zu Kerzen rollen.

Weihnachtsdorf Maria-Theresien-Platz. Am Burgring zwischen Kunsthistorischem und Naturhistorischem Museum. Wildschweinleberkäse!

Weihnachtsmarkt am Spittelberg, Spittelberggasse. Kunsthandwerker stellen hier ihre besonderen Erzeugnisse aus. Für den individuellen Geschmack.

Kultur- und Weihnachtsmarkt Schloss Schönbrunn. Angeboten werden hauptsächlich österreichisches Kunsthandwerk und traditionelle Weihnachtsgeschenke. Bühne für Weihnachtskonzerte.

Altwiener Christkindlmarkt, Freyung. Kunsthandwerksvorführungen an den Wochenenden auf der Bühne, Kasperltheater für Kindergarten- und Vorschulkinder. Adventsmusik. Von hier sind es nur ein paar Schritte zum Weihnachtsmarkt im Hof.

Adventmarkt vor der Karlskirche. Schauwerkstätten von Kunsthandwerkern: Glasperlen drehen, Hüte nähen, Lederbücher binden. Burgenländische Gastro-Spezialitäten, Strohlandschaft für Kinder.

Weihnachtsdorf vor dem Schloss Belvedere. Illuminierter Weihnachtsbaum, wunderschöne Kulisse.

Weihnachtsdorf – Altes AKH Universitätscampus. Treffpunkt von Studenten und anderen jungen Leuten.

Wintermarkt am Riesenradplatz. Der neueste unter den Märkten. Wem es zu kalt wird, der kann im Restaurant »Eisvogel« einkehren oder mit dem Riesenrad eine Runde fahren.

Kurkonditorei Oberlaa, Neuer Markt 16, Babenbergerstraße 7, Landstraßer Hauptstraße 1, Naschmarkt 175, Josefstädter Straße 31, Dommayergasse 1, Währinger Straße 108. www.oberlaa-wien.at. Der beste Christstollen von ganz Wien.

Weihnachtsmarkt beim Schloss Wilhelminenberg, Savoyenstraße 2. Wiens höchstgelegener Weihnachtsmarkt bietet ein einzigartiges Ambiente mit bester Aussicht.

Tipp der Autorin

Absolut ausgefallen: der Schilcher-Punsch mit der Rabiattraube aus der Südsteiermark.

1 Der Weihnachtsbaum am Rathausplatz kommt immer aus den Bundesländern. **2** Punsch wird in vielen Geschmackssorten angeboten. **3** Neben Plastikspielzeug findet man auch viel Handgefertigtes auf den Märkten. **4** Das Hotel »The Ring« erstrahlt in weihnachtlichem Glanz.

In den Vorstädten

Im Lainzer Tiergarten
sichten Besucher auch
Wildschweine und Rehe.

Kebab mit Sauerkraut
Schlaraffenland Naschmarkt – Köstlichkeiten zuhauf

Wiens schönster und größter Markt ist ein Schlaraffenland für Feinschmecker. Die nächste »Fusions«-Welle könnte gut und gern von hier aus starten. Vielleicht mischen innovative Köche ja einmal Essiggurken ins Dürüm!

Der Balkan beginnt in Wien, heißt es oft. »Austrian Airlines«-Maschinen aus den USA machen in der österreichischen Hauptstadt nur Zwischenstation, bevor sie nach Belgrad oder Sarajewo weiterfliegen. Bürger aus den südosteuropäischen Kronländern strömten auch schon zu Kaisers Zeiten nach Wien. Kein Wunder also, dass der Naschmarkt im Herzen der Stadt das kulinarische Erbe der Donaumonarchie bewahrt hat. Das zwischen Getreidemarkt und Kettenbrückengasse gelegene Freiluftspektakel ist im 20. und 21. Jahrhundert noch um einige Facetten reicher geworden. Denn wer kannte vor 20 Jahren schon Wasabi?

»Taufrische Marillen aus der Wachau!« »Heißer Pferdeleberkäse, köstlich!« »Oliven in Knoblauchbeize. Eine Kostprobe gefällig?« »Kürbiskernbrot frisch aus dem Ofen, die Dame!« Bei einem Spaziergang über den Naschmarkt erhalten Besucher ständig solche Zurufe. Was es da alles gibt: Süßkartoffeln aus Kolumbien, Stachelzucchini aus Sizilien, Herzkirschen, die süß-saftig im Mund explodieren. Genießer kommen aus dem Staunen nicht heraus. Und tun gut daran, einfach der Nase nach zu gehen. Angelockt von den Düften, verkosten sie Leckerbissen bei einem Gemüse-, Käse- oder Fleischstand oder gehen gleich in eines der vielen Lokale.

Eine Naschmarkterkundung beginnt am besten an der Ecke Getreidemarkt–Wienzeile. Im ersten Abschnitt des Marktes wird mit exotischen (und teuren) Obst- und Gemüsesorten gehandelt. Und auch mit Fisch. Die Wiener probieren Krevetten und Austern gern mit einem Gläschen Sekt an den Stehtischen vor den Buden. Dringt man etwas weiter in den Markt ein, glaubt man, in der Türkei gelandet zu sein. Oliven, Schafkäse und getrocknete Früchte türmen sich hier in großen Stapeln. Der Duft von frisch geschmortem Kebab durchzieht die Gasse. Doch halt! Auch ein würzig-saurer Geruch steigt einem da in die Nase. »Feinstes Sauerkraut, gnädige Frau. Gut für die Figur«, ruft der »Gurken-Leo«. Er ist eine Naschmarktlegende, war doch bereits sein Großvater der zweitgrößte Hersteller von

1 Im urigen Gasthaus Ubl in der Schleifmühlgasse atmen Gäste das Flair von »Old Vienna« ein. 2 Im »Dritte Mann Museum« erklärt der Direktor, warum der Film zum Klassiker wurde. 3 Am Naschmarkt laden viele Restaurants zum Verweilen ein. 4 Exotische Früchte aus der ganzen Welt warten auf Käufer.

Essiggemüse im Habsburgerreich. Leo Strmiska steht vor seinen 120-Liter-Holzfässern in den Ständen 246 bis 248, in denen Hunderte Salzgurken in einer milchigen Beize schwimmen. Besonders im Sommer bereiten sie ein erfrischendes Knackerlebnis. Im September steht dann Champagnerkraut auf Leos Programm, besonders zart und mit Wacholderbeeren und Lorbeerblättern verfeinert. Wer eine Kohlenhydratzufuhr braucht, sollte bei der Vollwertbäckerei Gradwohl auf Stand 239 vorbeischauen. Hier wird Gebäck aus ungewöhnlichen Getreidesorten wie z. B. Amaranth zubereitet.

Hübsch sieht der Naschmarkt aus mit seinen kleinen Buden, von denen viele mit einem Kupferdach bedeckt sind, das sich im Lauf der Zeit eine grüne Patina zugelegt hat. Und seit ein paar Jahren geht es am Markt auch abends noch rund. Lokalbetreibern wurde nämlich gestattet, ihre Restaurants bis Mitternacht offen zu halten. Zwei asiatische Restaurants haben sich hier den Kampf angesagt. Die Köche von »Li's Cooking« bereiten herrliches Sushi und gebratene Nudeln mit knuspriger Ente zu – und eine Fisch-Curry-Kokosbrühe, die als beste zwischen Wien und Bangkok gehandelt wird. »Mr. Lee« fällt dagegen etwas ab. Und das Logo vom Chinesen, der sich selbst die Schlitzaugen zieht, stößt hart an die Grenzen der Geschmacklosigkeit.

Samstags ist rund um den Naschmarkt immer der Bär los. Dann findet nämlich am Parkplatz bei der Kettenbrückengasse ein Flohmarkt statt. Schon um sechs Uhr früh durchstreifen Kiebitze das Areal, denn in der Verkaufsreihe neben der U-Bahn-Trasse bieten Privatleute all jene Sachen zum Verkauf an, die sie gerade aus Omas

1 Frisch gebackenes Weißbrot verbreitet am Naschmarkt einen appetitanregenden Duft. 2 Händler lassen Passanten Oliven gern kosten. 3 Käse aus Vorarlberg schlägt alle Geschmacksrekorde. 4 Auf Wassermelonen lässt es sich auch gut ausrasten. 5 Am Samstag finden Besucher am Flohmarkt so manchen Schatz.

Wohnung räumten. Und dann kann es schon mal vorkommen, dass sich in einer Schachtel mit Urlaubssouvenirs ein echter Goldring mit Topasstein findet. Und das für 50 Cents! Die schönsten Stände auf dem Flohmarkt gehören zumeist Antiquitätenhändlern. Wer etwas tiefer in die Tasche greifen will und hier einen Dragonerhelm aus der k.u.k. Zeit oder ein Fischbesteck in Silber erstehen will, wird sicher fündig werden.

Seit dem 18. Jahrhundert wird an dieser Stelle Handel getrieben. Vor 200 Jahren floss noch die Wien neben den Verkaufsbuden. Erst Ende des 19. Jahrhunderts wurde das Flussbecken unterirdisch geführt. Die dadurch entstandene Straße, Wienzeile genannt, sollte als Prachtboulevard bis zum Schloss Schönbrunn führen. Jugendstilarchitekt Otto Wagner (1841–1918) hätte in Fortführung seiner Stadtbahnlinie die breite Straße ausbauen sollen. Der Erste Weltkrieg vereitelte jedoch dieses Projekt. Von Otto Wagner blieben auf Wienzeile 38 und 40 zwei wunderschöne Wohnhäuser erhalten. Das Haus Nummer 38 ist ganz in Weiß gehalten. Wiener-Werkstätte-Koryphäe Koloman Moser (1868–1918) gestaltete die Palmenwedel und Medaillons, mit denen das Haus mit der beeindruckenden Rundglasloggia verziert ist. Inspiriert von den Blumen, die am Naschmarkt täglich verkauft werden, ist das Majolikahaus auf Nummer 40 über und über mit Rosen und Sonnenblumenmustern »bestreut«.

Gleich am Anfang der Wienzeile steht das Meisterwerk eines Zeitgenossen von Wagner und Moser, Josef Maria Olbrichs (1867–1908) Secession. Elegant und geradlinig steht das Gebäude da. Das einzige Ornament sind die goldenen geschwungenen Linien und das prachtvolle Blätterhaupt, das Olbrich als moderne Adaption des Kuppelmotivs der ganz in der Nähe gelegenen Karlskirche verstand. Die Wiener gaben dieser Blätterkrone witzigerweise den Spitznamen »Krauthappel« (Krautkopf), wohl in Anlehnung an den Naschmarkt. Gemeinsam mit Kolo Moser, Gustav Klimt und Josef Hoffmann initiierte Olbrich 1896 eine Bewegung, die mit dem Historismus des Wiener Künstlerhauses brach. Wie ihre Kollegen in Berlin und München entwickelten sie einen neuen Stil, der von so ungewöhnlichen Quellen wie japanischen Holzschnitten inspiriert war. Das Motto der

1 Austern regen nicht nur den Appetit an, sondern auch das Liebesleben. 2 Frische Fische riechen leicht nach Gurke. 3 Das Café Drechsler hat in der Ballsaison ab 3 Uhr früh geöffnet. 4 Pfannkuchen werden in Wien Palatschinken genannt. 5 Ein »Weinbeißer« bei der Arbeit. 6 Gourmetköche bereiten im »Tewa« knackige Salate zu. 7 Die asiatische Küche bei »Li's Cooking« ist taufrisch.

6

7

1 Der »Beethoven-Fries« in der Wiener Secession bringt leidenschaftliche und sehnsüchtige Gefühle zum Ausdruck. 2 Gustav Klimt war für seine reiche Ornamentierkunst bekannt. 3 Die Palmenwedel und Medaillons an Otto Wagners Haus wurden von Kolo Moser gestaltet. 4 Die Blätterkrone der Sezession wird von Wienern »Krauthappel« genannt.

Secession lautete: »Der Zeit ihre Kunst, der Kunst ihre Freiheit.« Die darin vertretenen Künstler zeigten z. B. das Werk ihrer Impressionisten-Kollegen aus Frankreich, sehr schockierend für das Wien der damaligen Zeit. Gustav Klimt schuf für eine Ausstellung im Jahr 1902 seinen berühmten Beethoven-Fries, zu dem er sich von der 9. Symphonie des Komponisten inspirieren ließ. Sogar ein Gorilla kommt hier vor: Umrahmt von wollüstigen Frauen in verschiedenen Lebensabschnitten soll er sündhafte Leidenschaften symbolisieren.

Auf dem Esperanto-Platz zur Linken der Sezession (gegenüber dem »Café Museum«) treffen sich zwischen Mai und Oktober all jene, die auf den Spuren des »Dritten Manns« wandeln wollen. Orson Welles täuschte als Penizillinschieber Harry Lime in Carol Reeds Film aus dem Jahr 1949 seinen eigenen Tod vor und lieferte sich mit der Polizei eine Verfolgungsjagd im Wiener Kanalsystem. Tourengänger kriechen in das dunkle, modrig riechende Reich hinunter und stellen sich vor, in welcher Ecke der »Dritte Mann« kauerte. In der Pressgasse hat das »Dritte Mann Museum« an Samstagsnachmittagen seine Pforten geöffnet.

Nur zwei Straßen von der Secession entfernt steht das Theater an der Wien. Es wurde 1798 vom Librettisten der »Zauberflöte«, Emanuel Schikaneder (1751–1812), gegründet. Schikaneder spielte in der Uraufführung der Mozart-Oper 1791 selbst den Papageno. In der der Millöckergasse zugewandten Seite des Theaters erinnert das barocke Papagenotor noch an den Gründer des Theaters. Ab den 1960er-Jahren erlebte das Theater eine große Blütezeit. Die Musical-Welle war über Wien geschwappt. »Cats«, »Chicago« und »Der Mann von La Mancha« feierten hier über Jahre große Erfolge. Danach wurden Eigenproduktionen der Vereinigten Bühnen Wien inszeniert. »Elisabeth« und »Rudolf« bedienten den Habsburgermythos von musikalischer Seite. Seit 2006 hat sich das Theater jedoch als drittes Opernhaus Wien neu positioniert. Schon allein die innovativ gestalteten Plakate mit den poppig gestylten Porträts von Opernhelden machen deutlich, dass die Staatsoper und die Volksoper einen ernst zu nehmenden Konkurrenten bekommen haben. Ohne ein festes Ensemble, stattdessen im Blocksystem, werden barocke Werke sowie Opern aus dem 20. und dem 21. Jahrhundert zur Aufführung gebracht.

Zeit für den Naschmarkt

Sehen und Erleben

Naschmarkt, Wienzeile zwischen Getreidemarkt und Kettenbrückengasse. Mo–Fr 6 bis 18.30 Uhr, Sa 6 bis 17 Uhr. Flohmarkt im Bereich Kettenbrückengasse Sa 6.30 bis 18 Uhr.

Secession, Friedrichstraße 12, www.secession.at Das Ausstellungshaus der Jugendstil-Revoluzzer zeigt heute zeitgenössische Kunst. Im Keller ist noch immer Klimts Beethoven-Fries zu bewundern.

Theater an der Wien, Linke Wienzeile 6, www.theater-wien.com. Emanuel Schikaneders einstiges Singspielhaus bringt heute innovative Opernproduktionen.

Otto Wagners Jugendstilhäuser, Linke Wienzeile 38 und 40. Gold-weißes Haus mit eindrucksvoller Rundglasloggia im Dachgeschoss und Majolikahaus mit grün-rosa Blumen.

Dritter-Mann-Kanaltouren, Karlsplatz–Esperantopark gegenüber von Friedrichsstraße 6, www.drittemanntour.at. Mai bis Oktober, Do bis So 10 bis 21 Uhr. Auf den Spuren von Harry Lime in die Stadt unter der Stadt.

Essen und Trinken

Li's Cooking, Naschmarkt, Stand 126–129, Tel. 0-1-5854057. Einer der besten Pan-Asiaten in Wien.

Umar, Naschmarkt, Stand 76–79, Tel. 0-1-5852177. Fischladen und -restaurant. Kleine Karte, aber dadurch umso frischer.

Kim Kocht, Salon & Studio, Naschmarkt, Stand 28, Tel. 0-1-3190242. Wiens beste asiatische Köchin hat hier auch einen Verkaufsstand.

Neni, Naschmarkt, Stand 510. Tel. 0-1-5852020. Multikulturelle Köstlichkeiten wie karamellisierte Auberginen.

Kebap-König, Naschmarkt, Stand 188–190. Vom TV-Sender ATV als bester Kebap am Naschmarkt ausgezeichnet.

Einkaufen

Gurken-Leo, Naschmarkt, Stand 246–248. Eine Legende auf dem Naschmarkt. Essiggurken, Champagnerkraut, gefüllte Paprikaschoten.

Gradwohl, Naschmarkt, Stand 239. Vollwertbäckerei mit verführerischen Süßwaren.

Verkehrsmittel

U1, U2, U4 (Karlsplatz), U2 (Museumsquartier), U4 (Kettenbrückengasse), 1, 62 (Resselgasse).

Tipp der Autorin

Café Savoy, Linke Wienzeile 36. Tel. 0-1-586 73 48. Gay-Treff in Fin-de-Siècle-Ambiente.

Von Prinzen und Pestheiligen
Vom Karlsplatz zum Belvedere – barockes Wunderland

Wie aus Zucker gegossen erscheinen Johann Fischer von Erlachs und Lukas von Hildebrandts Märchengebäude im 4. Wiener Gemeindebezirk. In der Kirche ist der Geist der Gegenreformation zu spüren, im Schloss regiert noch Prinz Eugens Esprit.

Martin Luther hatte in Wien nie einen leichten Stand. In der barocken Karlskirche prangt sein Abbild am Kuppelfresko, für jeden sofort erkenntlich. Eingehüllt in eine rote Toga arbeitet er eifrig an seiner Bibelübersetzung. Doch schon ist ein streitbarer Engel zur Stelle und steckt die Blätter mit einer Fackel in Brand. Der Habsburgerkaiser und Gegenreformator Karl VI. (1685–1740) ließ das wohl schönste barocke Gotteshaus in Wien von Johann Fischer von Erlach (1656–1723) erbauen, um dem heiligen Karl Borromäus (1538–1584) zu huldigen. Dieser würde angeblich die Stadt von der Pest befreien. Mächtig steht sie da, die Weihkirche, aber dann doch auch wieder leicht und anmutig mit ihrem tempelartigen Portikus, zwei flankierenden Reliefsäulen und einer reich verzierten, 72 Meter hohen und 25 Meter breiten Kuppel. Imposant, ja majestätisch wirkt der Innenraum: Die ovale Kuppel zieht den Blick in die Höhe, und das durch die Fenster einfallende Licht ändert ständig die Stimmung im Raum.

Als die Kirche 1737 geweiht wurde, stand sie außerhalb der Stadtmauern inmitten von Feldern. Heute strömt der Verkehr um einen der meistbefahrenen Knotenpunkte Wiens. In einem Spannungsverhältnis zur Kirche stehen Otto Wagners Stadtbahnpavillons, von denen einer in ein Café umgewandelt wurde und ein anderer im Sommer als Museum genutzt wird.

1899 war die Stadtbahn noch ein ultramodernes Verkehrsmittel, und Otto Wagner konzipierte sie als Gesamtkunstwerk des Jugendstils. Er gestaltete Trassengitter, Pfeiler, Lampen und Schilder. Die Stationshäuser bedeckte er mit stilisierten Sonnenblumen. Für die Mauern der Pavillons ließ er Metallteile vorfertigen und mit Carrara-Marmor-Platten bedecken.

Reisende tun gut daran, auch das Wien Museum zur Linken der Karlskirche zu besuchen. Mit seinen schlichten, goldenen Aufzugtüren ist Oswald Haerdtls Bau aus den 1950er-Jahren bereits zum Klassiker geworden. Hier erfährt man viel Wissenswertes über die

1 Das »Haas Beisl« in der Margaretenstraße 74 serviert zu Rehragout herrliche Weine. **2** Michael Rottmeyrs Fresken erstrahlen nach einer Renovierung in ihrer ganzen Farbenpracht. **3** Otto Wagners Stadtbahngebäude am Karlsplatz trägt goldenen Blätterschmuck. **4** Die Heilige Dreifaltigkeit wacht über Karl Borromäus.

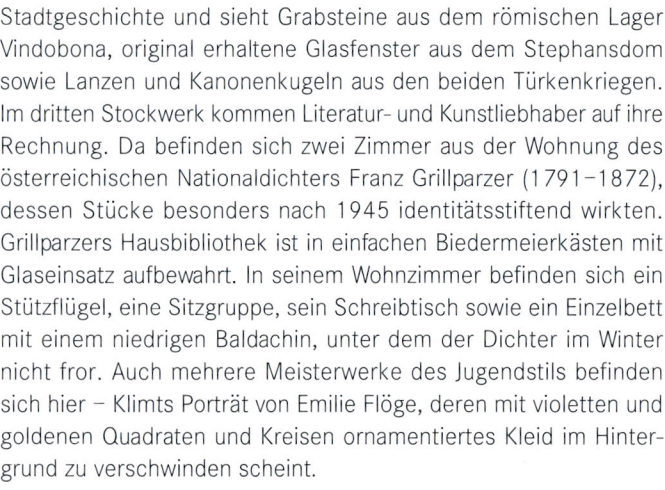

Stadtgeschichte und sieht Grabsteine aus dem römischen Lager Vindobona, original erhaltene Glasfenster aus dem Stephansdom sowie Lanzen und Kanonenkugeln aus den beiden Türkenkriegen. Im dritten Stockwerk kommen Literatur- und Kunstliebhaber auf ihre Rechnung. Da befinden sich zwei Zimmer aus der Wohnung des österreichischen Nationaldichters Franz Grillparzer (1791–1872), dessen Stücke besonders nach 1945 identitätsstiftend wirkten. Grillparzers Hausbibliothek ist in einfachen Biedermeierkästen mit Glaseinsatz aufbewahrt. In seinem Wohnzimmer befinden sich ein Stützflügel, eine Sitzgruppe, sein Schreibtisch sowie ein Einzelbett mit einem niedrigen Baldachin, unter dem der Dichter im Winter nicht fror. Auch mehrere Meisterwerke des Jugendstils befinden sich hier – Klimts Porträt von Emilie Flöge, deren mit violetten und goldenen Quadraten und Kreisen ornamentiertes Kleid im Hintergrund zu verschwinden scheint.

Gegenüber dem Karlsplatz thront der Musikverein, dessen Goldener Saal als einer der schönsten und akustisch besten der Welt gilt. Im altbewährten Ringstraßenstil schuf Theophil Hansen 1870 ein Neo-Renaissance-Gebäude, von dem aus am ersten Tag des Jahres traditionsgemäß das Neujahrskonzert in alle Welt übertragen wird. Zuhörer zu Hause wiegen sich zu Melodien von Johann und Josef

Strauß, während das reich geschmückte und vornehm gekleidete Publikum vor Ort sich gerade noch traut, beim Radetzkymarsch mitzuklatschen.

Geht man über den Karlsplatz und auf der Wiedner Hauptstraße stadtauswärts, kommt man an der modernen Bibliothek der Technischen Universität vorbei. Eine riesige steinerne Eule prangt an der Ecke des Glaspalasts. Auf diesem Areal stand früher das Freihaus, ein barocker Gebäudekomplex im Besitz des Grafen Starhemberg mit eigener Gerichtsbarkeit und Steuerfreiheit. In dem hier ansässigen Theater wurde Mozarts »Zauberflöte« uraufgeführt. Künstler und Freigeister wohnten in dieser Gegend – und noch heute weht hier ein querdenkerischer Wind.

In einiger Entfernung hat sich die Schleifmühlgasse in den letzten Jahren als Kunst-Mekka etabliert. Georg Kargls drei Galerien zeigen das Werk junger, aufstrebender Künstler, die »Fine Arts« auf drei Ebenen und 350 Quadratmetern, sowie die einräumige »Box« und »Permanent«. Der weltberühmte amerikanische Künstler Richard Artschwager gestaltete die »Box« als Fassadenskulptur. Das konstruktivistische und minimalistische Gefüge aus Holz und zwei zurückspringenden, in spitzem Winkel zueinander gesetzten Spiegeln lässt den realen Raum und den Kunstraum ineinander übergehen.

1 Henry Moore schenkte seine Plastik »Hill Arches« der Stadt Wien. 2 Die reichlich verzierte Prunkstiege des Belvedere. 3 Lasziv und blutrünstig: Gustav Klimts »Judith«. 4 Der Marmorsaal des Belvedere: Unterzeichnungsort des österreichischen Staatsvertrags. 5 Franz Xaver Messerschmidts Charakterköpfe (1794) schneiden Fratzen, stellen einzigartige Gesichtsstudien unterschiedlicher Affekte dar.

Die Galerien Engholm Engelhorn und Gabriele Senn verfolgen ein ähnliches Programm.

Wenn man auf der parallel zur Wiedner Hauptstraße verlaufenden Margaretenstraße stadtauswärts geht, stößt man in Nummer 39 auf die Boutique »Elfenkleid«. Die Designerinnen Sandra Thaler und Annette Prechtl kreieren hier romantisch-ultramodernes Gewand, Abend- und Hochzeitskleider aus leichten, durchsichtigen Materialien. Etwas weiter noch, auf Nummer 77, hat Lokalmatador Stefan Gergely eines der beeindruckendsten Restaurantkonzepte der Stadt verwirklicht. Das »Schlossquadrat« befindet sich in einem barocken Bauwerk mit mehreren Innenhöfen. In der warmen Jahreszeit genießen Besucher das Wiener Schnitzel beim »Silberwirt« oder ein indisches Curry bei »Gergely's«. Guten Brunch gibt es im »Quadro«. Pizza, Pasta und Prosciutto werden in der »Trattoria Margareta« serviert. Wir sind hier im 5. Bezirk, Margareten, angelangt. Der Marga-

1 Im Salon »Feinedinge« in der Krongasse zeigt Sandra Haischberger ihr Porzellandesign. **2** Witzige Wien-Souvenirs. **3** Poldi Tesars traditionelle Drogerie auf der Schönbrunner Straße. **4** Sandra Thaler mit ihren Kreationen in der Boutique »Elfenkleid«. **5** Eine Kundin beim Einkauf. **6** Frisch gerösteten Kaffee gibt es im »Alt Wien« in der Schleifmühlgasse. **7** Meister Fruth in seiner Patisserie in der Kettenbrückengasse.

ALT WIENER GOLD
Ausgewogene Mischung,
vollmundig und kräftig.
100% Arabica
1/4 kg   € 4,80
1/2 kg   € 9,00

CARUSO BLEND
Voller Körper, sehr wenig Säure,
Kakao- und Nussaromen.
100% Arabica
1/4 kg   € 4,80
1/2 kg   € 9,00

SCARLATTI BLEND
Kräftiger Kaffee, Nuss- und
Edelschokolade-Aromen.
Wenig Säure, leicht herb im
Abgang. 85% Arabica 15% Robusta
1/4 kg   € 4,80
1/2 kg   € 9,00

6

1 Herr Rudi brät die besten Schnitzel in Wien. **2** Das trendige Hotel »Falkensteiner Palace« hat Angebote für Hund und Herrchen. **3** Beim »Silberwirt« in der Schlossgasse speisen Gäste *al fresco*. **4** Das Hotel »Altstadt Vienna« vereint traditionellen Charme mit modernen Akzenten.

retenhof aus dem 19. Jahrhundert steht schräg gegenüber vom Schlossquadrat. Hier befand sich ab dem 14. Jahrhundert der Hof, von dem der Bezirk seinen Ausgang nahm. Mit seinen spitzen Türmchen und verglasten Balkonen erinnert einer der Wohnblocks an ein Loire-Schloss.

Das »Filmcasino« in der Margaretenstraße 78 hingegen wurde aus den 1950er-Jahren ins 21. Jahrhundert gerettet und zeigt heute anspruchsvolle internationale Filme. Schon allein der bunt leuchtende, jedoch grazile Schriftzug und sein nierenförmiges Dach erinnern an die Zeit, als Marlon Brando als »Der Wilde« auf seinem Motorrad durch die Gassen jagte.

Für seine Zeit »wild« und außergewöhnlich war auch Prinz Eugen von Savoyen (1663–1736). Er führte erfolgreiche Feldzüge gegen die Türken und residierte im Schloss Belvedere. Neben der Karlskirche ist das Belvedere das zweite große Wahrzeichen des 4. Bezirks. Man erreicht es von der Gegend Karlsplatz–Oper, indem man mit der Straßenbahn D bis zur Endstation (Südbahnhof) fährt. Auf einer Anhöhe über Wien ließ der Prinz von Lucas von Hildebrandt sein anmutiges Märchenschloss bauen. Von hier aus hat man eine wirklich schöne Sicht (*bel vedere*). Zum unteren Teil des Schlosses, das Eugen für sein Privatleben nutzte, führt ein in Terrassen angelegter Park mit hübschen Brunnen, über den seit Jahrhunderten steinerne Nymphen und barbusige Sphinxe wachen. Sowohl der obere als auch der untere Teil beherbergen eine fantastische Kunstsammlung, die Prinz Eugens Sammlerleidenschaft weiterführt. Das obere Belvedere vereint die weltweit größte Sammlung von Klimt-Gemälden, darunter den auf unzähligen Souvenirs reproduzierten »Kuss« (1907/08). Die Frauenfigur, die auf goldenem Hintergrund »Judith I« verkörpert, ist eine perfekte *femme fatale*. Lasziv hält sie das Haupt des Holofernes in der Hand. Ist sie eine erotomanische Mörderin? Die Frauengestalt in Egon Schieles Gemälde »Tod und das Mädchen« (1915) klammert sich fest an den Knochenmann. Schieles Geliebte Wally Neuzil sowie der Künstler selbst posierten für dieses durch seine gebrochene Linienführung sehr expressive Gemälde. Ihre Beziehung war zu diesem Zeitpunkt zu Ende gekommen. Auch so kann man sich von einer Freundin verabschieden.

Zeit für Karlsplatz und Belvedere

Sehen und Erleben

Karlskirche, Karlsplatz, www.karlskirche.at. Das Auge der Dreifaltigkeit wacht über Johann Fischer von Erlachs barockes Meisterwerk.

Otto Wagners Stadtbahnpavillions, Karlsplatz. Sie werden heute als Café und Ausstellungsraum genutzt.

Wien Museum, Karlsplatz, Tel. 0-1-5058747, www.wienmuseum.at. Sehr gut aufbereitetes Museum über die Stadtgeschichte Wiens.

Musikverein, Bösendorferstraße 12, Tel. 0-1-5058190, www.musikverein.at. Von diesem Konzertsaal wird alljährlich das Neujahrskonzert ausgestrahlt.

Belvedere, Prinz-Eugen-Straße 27, Tel. 0-1-795570, www.belvedere.at. Barockes Schloss mit oberem und unterem Gebäude, terrassenförmiger Park mit wunderbarer Sicht über Wien. Die größte Sammlung an Jahrhundertwendekunst in der Welt.

Margaretenhof, Margaretenplatz. Schlossartiges Wohnzinshaus aus dem Jahr 1885. Wohnungen haben Vorgärten!

Filmcasino, Margaretenstraße 78, Tel. 0-1-5813900-10, www.filmcasino.at. Nobles Kino aus den 1950er-Jahren, Spiegelfassade, Holzverschalung innen, anspruchsvolles Programm.

Übernachten

Das Triest**, Wiedner Hauptstraße 12, Tel. 0-1-589180, Fax 0-1-5891818, www.dastriest.at.** Wiens erstes Designhotel, gestaltet von Terrance Conran.

Essen und Trinken

Schlossquadrat, Margaretenplatz, www.schlossquadrat.at. Vier exzellente Lokale (Silberwirt, Gergely's, Quadro, Trattoria Margareta) in einem barocken Gebäudekomplex. Malerische historische Innenhöfe mit Pawlatschen (Rundbalkonen).

Rudi's Beisl, Wiedner Hauptstraße 88, Tel. 0-1-5445102. Das beste Wiener Schnitzel der Stadt in einem urigen Ambiente.

Einkaufen

Georg Kargl Fine Arts, Schleifmühlgasse 5, Tel. 0-1-5854199. Drei Galerien für junge, aufstrebende Künstler.

Verkehrsmittel

U1, U2, U4 (Karlsplatz), U4 (Pilgramgasse: zum Margaretenviertel), D (Schloss Belvedere).

Tipp der Autorin

Hotel Falkensteiner Palace****, Margaretenstraße 92. Tel. 0-1-546 86 0, Fax 0-1-546 86 0, www.falkensteiner.com/de/hotel/palace-wien.

4

Mehr Bäume braucht die Stadt!
Hundertwasser in Wien – Ökoarchitektur vom Feinsten

Der Umwelt- und Friedensaktivist Friedensreich Hundertwasser brachte Anfang der 1980er-Jahre Farbe in die Stadtlandschaft. Selbst eine Müllverbrennungsanlage verwandelte er in ein orientalisches Märchenschloss.

Bis in die 1980er-Jahre hinein lag über Wien ein grauer Schleier. Viele der heute auf Hochglanz restaurierten Gebäude darbten dreckverschmiert vor sich hin. Doch dann belebte der Künstler Friedensreich Hundertwasser (1928–2000) die Stadt mit bunten Fassaden. Der Umwelt- und Friedensaktivist hatte Ende der 1960er-Jahre in zwei berühmten Nacktreden sein »Los von Loos«-Manifest verkündet. Darin rief er zu einem Boykott der modernen, geradlinigen, ornamentlosen Bauweise z.B. des Architekten Adolf Loos (1870 bis 1933) auf. Laut Hundertwasser hatte diese keine Seele und machte Menschen zu Automaten. Schließlich fänden sich in der Natur auch keine geraden Linien. Die Gemeinde Wien erkannte das touristische Potenzial seiner farbenfrohen, mit Pflanzen aufgelockerten Ökoarchitektur. So beauftragte der Bürgermeister den Künstler gemeinsam mit den Architekten Josef Krawina und Peter Pelikan, ein Wohnhaus zu gestalten.

Fährt man heute mit der Straßenbahnlinie 1 vom Schwedenplatz Richtung Prater Hauptallee, ruft die monotone Stimme bei der Station Hetzgasse im 3. Bezirk »Hundertwasserhaus!« durch den Lautsprecher. Das 1985 fertiggestellte Wohnhaus ist in gelbe, blaue, weiße und rote Streifen gekleidet. Grüne Äste von 250 Bäumen ringeln sich aus Balkonen und über Dächer wie Borsten aus Nasenlöchern. 50 Appartements umfasst das Gebäude. Die Bewohner müssen sich oft durch die Trauben von Menschen kämpfen, die das Haus bestaunen. Über unebene Fußböden und eine organisch geschwungen Treppe gehen die Besucher zum Café im ersten Stock. Von hier aus haben sie den besten Blick auf das mit Zwiebeltürmchen verzierte und von gekachelten Säulen getragene Haus. Zu gerne möchte man in eine Wohnung hineinschauen, um herauszufinden, ob die Mieter ihren Lebensraum ähnlich fantasievoll gestaltet haben wie Hundertwasser die Fassade. Hundertwasser bevorzugte die weichen, geschwungenen Linien des Jugendstils sowie goldene Ornamente. In ihrer dramatischen Verspieltheit erinnert seine Architektur an die Bauwerke des Katalanen Antoni Gaudí (1852–1926).

1 Tabak-Trafiken sind aus Wien nicht wegzudenken. 2 Die Müllverbrennungsanlage Spittelau sieht wie ein orientalisches Schloss aus. 3 Ausstellung mit Werken von Niki de Saint Phalle im Kunsthaus Wien. 4 Im Kunsthaus wird Hundertwassers Œuvre präsentiert.

1 Das Hundertwasser-Krawina-Haus, das wohl berühmteste Bauwerk des Malers, entstand in enger Zusammenarbeit mit dem Architekturprofessor Joseph Krawina. **2** In Hundertwassers Werken werden Häuser zu Gesichtern. **3** Im Hof eines Hundertwasser-Krawina-Hauses dürfen Pflanzen nicht fehlen. **4** Hundertwasser verwandelte selbst Industriebauten in Kunst.

Wer mehr über Hundertwassers bildnerische Kunst erfahren will, muss nur ein paar Schritte weiter ins Kunsthaus in der Unteren Weißgerberstraße 13 gehen. Die alte Sesselfabrik der Firma Thonet gestaltete der Künstler ebenfalls nach seinen Vorstellungen vom naturverbundenen Bauen um. »Transautomatismus« nannte Hundertwasser seinen Stil. In seinen Werken stehen bunte Spiralen und Labyrinthe immer wieder im Vordergrund. Sie sollen das Unterbewusstsein des Betrachters stimulieren und ihn sozusagen ins Bild hineinziehen. Hundertwasser war zeit seines Lebens Holzschnitten sehr zugetan, und die Zusammenarbeit zwischen Künstlern, Schnitzern und Druckern erachtete er als besonders fruchtbar. Das Museum zeigt unter anderem seine Anti-Atom-Poster aus den frühen 1980er-Jahren. »Pflanze Bäume, verhindere den Atomkrieg« steht da in großen Lettern. Um die Verbundenheit des Menschen mit der Natur zu symbolisieren, bettete Hundertwasser ein Gesicht in eine Hügellandschaft ein. Angesichts der vielen

Zeit für Friedrich Hundertwasser

Sehen und Erleben

Hundertwasser-KrawinaHaus, Ecke Löwengasse/Kegelgasse. www.hundertwasserhaus.info. 1985 fertiggestelltes Wohnhaus der Gemeinde Wien. 250 Bäume, 16 private und drei gemeinsame Dachterrassen mit einer Gesamtfläche von 1000 Quadratmetern. 900 Tonnen Erde auf dem Dach.

Kunsthaus Wien, Untere Weißgerberstraße, Tel. 0-1-7120491, www.kunsthauswien.com. Dieses Museum beherbergt einen Großteil von Hundertwassers bildnerischem Werk und veranstaltet Ausstellungen über Gegenwartskunst.

Fernwärme Wien/Müllverbrennungsanlage Spittelau, Spittelauer Lände 45, Tel. 0810900400, www.wienergie.at. Dieser fantasievoll gestaltete Komplex ist wohl die meistbesuchte Müllverbrennungsanlage der Welt.

Übernachten

Hilton Vienna***, Am Stadtpark 1, Tel. 0-1-717000, Fax 0-1-7130691, www1.hilton.com.** Ein Traditionshaus mit großen Zimmern (27 m²) und Blick auf den Stadtpark. Großer Fitnessbereich und Konferenzzentrum.

Essen und Trinken

Café Restaurant Dunkelbunt, Weißergerber Lände 14, Tel. 0-1-7152689. Netter Gastgarten im Kunsthaus Wien. Biospeisen, viele Blumen.

Gasthaus Wild, Radetzkyplatz 1, Tel. 0-1-9209477. Wiener Beisl mit traditionellem Flair. Günstige Mittagsmenüs.

Einkaufen

Hundertwasser Village, Kegelgasse 37–39. Hundertwasser-Poster, -Drucke und Souvenirs in Hülle und Fülle in einer vom Künstler umgestalteten Autoreifen-Garage.

Verkehrsmittel

Straßenbahn 1 (Hundertwasserhaus), U4 (Spittelau).

Tipp der Autorin

Café Zartl, Rasumofskygasse 7, Tel. 0-1-712 55 60. Traditionelles Kaffeehaus.

Kriege zu Beginn des 21. Jahrhunderts haben diese Werke nichts an ihrer Brisanz verloren.

Hundertwasser war sich auch nicht zu gut, eine Müllverbrennungsanlage zu verschönern. Steht man auf der Spitze des Stephansturms, sieht man den riesigen, 126 Meter hohen, goldenen Zwiebelturm des Fernwärmewerks Spittelau im nordöstlichen Teil der Stadt in der Sonne glänzen. Auch die Fassade gestaltete der Künstler mit bunten Rechtecken und Kreisen. So verwandelte sich ein trister Zweckbau in ein architektonisches Wahrzeichen, eine Industrieanlage in ein orientalisches Märchenschloss. Umweltschützer Hundertwasser war zwar anfangs nicht bereit gewesen, an diesem Gebäude zu arbeiten. Das Konzept für die Anlage überzeugte ihn dann aber doch: Das Werk ist mit modernsten Filtern ausgestattet, und die Abwärme, die durch die Müllverbrennung produziert wird, beheizt Abertausende Wohnungen in der Stadt. Das Werk steht mitten in einem netten Park am Donaukanal. Studenten von der nahe gelegenen Wirtschaftsuniversität erholen sich hier in der warmen Jahreszeit von ihrem anstrengenden Vorlesungsprogramm. Diese architektonische Meisterleistung machte auch außerhalb Europas Schule: Im japanischen Osaka wurde 2001 die wild-bunte Anlage 1:1 nach Hundertwassers Plänen nachgebaut.

Welcome to Boboville!
Mariahilf und Museumsquartier – Kreativität ohne Ende

Seit 2001 das achtgrößte Kulturareal der Welt seine Pforten öffnete, haben die »Bourgeois Bohemians« (Bobos) den 7. Bezirk zu ihrer Lieblingsgegend erkoren. In den Seitengassen der Mariahilfer Straße siedelten sich innovative Mode- und Designläden sowie Hotels an.

Das Museumsquartier war schon vor seiner Eröffnung als Totgeburt verschrien. Die Meinungen darüber, wie Maria Theresias barocke Hofstallungen in ein modernes Kunstzentrum umgewandelt werden könnten, waren geteilt. Außerdem protestierten Architekturgrößen, weil sie befürchteten, dass die Gegenwartskunst die alte Bausubstanz zu sehr in Mitleidenschaft ziehen würde. Ein Jahrzehnt nach seiner Eröffnung zeigt das Museumsquartier allen vorauseilenden Kritikern jedoch die lange Nase. Mehr als drei Millionen Besucher wandern jedes Jahr durch dieses weitläufige Kulturareal. Liebhaber der Fin-de-Siècle-Kunst delektieren sich im Leopold Museum an der international größten Sammlung von Egon-Schiele-Werken. Alt-Hippies zieht es ins Museum für Moderne Kunst. Hier sind Werke der wichtigsten Vertreter des Wiener Aktionismus ausgestellt, darunter Übermalungen von Arnulf Rainer, blutüberströmte Hemden von Hermann Nitsch und provokante Videoinstallationen von VALIE EXPORT.
Das Museumsquartier zieht jedoch nicht nur Kunstinteressierte an. Die Bobos der Stadt haben es zu ihrem erweiterten Wohnzimmer erkoren. An lauen Sommerabenden nippen Scharen von Mittzwanzigern in ausgefransten Jeans und Boss-Hemden in den Gastgärten von Restaurants wie »Die Halle« und »Kantine« an ihrem Aperol-Spritzer. Teenager in Abercrombie & Fitch-Klamotten rekeln sich im Hof auf den »Enzi« genannten riesigen, croissantförmigen Mehrzweckmöbeln, die jedes Jahr in anderen Farben gestrichen werden. Im Internet können MQ-Besucher bestimmen, ob sie auf »freudliegeroten« oder »schwimmbadblauen« Möbeln sitzen wollen. Das Museumsquartier ist hinter dem Kunsthistorischen und dem Naturhistorischen Museum gelegen und erweitert die traditionelle Kulturmeile. Wer sich also bilden will, kann gut und gern einige Tage in dieser Gegend verbringen.
Die ursprünglichen, von Vater und Sohn Fischer von Erlach gestalteten Hofstallungen beherbergten einst 600 Pferde. Fein modellierte

1 Blüten zum Vernaschen in der Confiserie »Blühendes Konfekt« in der Schmalzhofgasse. **2** Rap-Stars von morgen im Tonstudio des Kindermuseums. **3** Der Barockpalast des Museumsquartiers beherbergte früher die Winterreithalle. **4** In der warmen Jahreszeit relaxen Besucher auf den bequemen »Enzis«.

Rossköpfe schnauben auch jetzt noch von den Wänden. In den großen Hof der ehemaligen Hofstallungen wurden drei simple Gebäude
gestellt, die zuallererst durch ihre Materialwahl ins Auge stechen. Ein
schräger weißer Kubus ist das Leopold Museum. Die Architekten
Laurids und Wolfgang Ortner ließen es mit weißem Muschelkalk verkleiden. Im Inneren des Gebäudes sind immer wieder Fenster in den
Wänden und auch im Fußboden angebracht, die einen Ausblick und
Überblick auf die Kunstwerke geben. 5000 Bilder, Zeichnungen und
Skulpturen umfasst die Sammlung – darunter hochkarätige Klimts,
Schieles, Kokoschkas und Gerstls. Gar nicht auszudenken, wie
Sammler Rudolf Leopold und seine Frau Elisabeth über Jahrzehnte
hinweg mit ihren Schätzen in einem Einfamilienhaus lebten! 1994
verkaufte Leopold die Sammlung für rund 160 Millionen Euro an den
Staat – unter der Bedingung, dass er auf Lebzeiten Direktor des Museums sein würde. Im Juni 2010 verstarb der Sammler. Zwei Monate
nach seinem Tod kehrte das Porträt der Schiele-Geliebten Wally Neuzil nach einem langen Raubkunstverfahren von New York nach Wien
zurück. Das Museum hatte den rechtmäßigen Besitzern in einer
außergerichtlichen Einigung 19 Millionen Euro gezahlt.
Das deutsche Industriellen- und Sammlerehepaar Irene und Peter
Ludwig brachte 7000 Exponate seiner Sammlung in das Museum

1 Das MUMOK besitzt 9000 Werke moderner Kunst. **2** Robert Indianas »LOVE«-Gemälde darf da nicht fehlen. **3** Die Kunsthalle präsentiert Gegenwartkunst, hier beispielsweise mit Yinka Shonibares Ausstellung »Leisure Lady«. **4** Überdimensionale Deckenlampen sind das Markenzeichen des Restaurants »Die Halle«. **5** Der idyllische Garten des Lokals »Glacisbeisl« liegt auf einem Stück Festungsmauer.

Moderner Kunst (MUMOK) ein. Mit grauem Vulkangestein ummantelten Ortner & Ortner den Kubus mit dem abgerundeten Dach. Da die Architekten die Denkmalvorschriften befolgen mussten, durften sie das Gebäude nicht allzu hoch über das barocke Ensemble hinausragen lassen. Besucher fahren hier in einem gläsernen Lift durch fünf Geschosse (drei davon unter der Erde), um Werke von Pablo Picasso, Andy Warhol und Robert Rauschenberg zu bestaunen. Über die monolithische Fassade rannten auch schon vier Meter lange Ratten mit roten Augen. Der österreichische Künstler Peter Kogler erzeugte sie am Computer. Für seine Rauminstallationen bedeckte er die Wände des Museums mit ausgeklügelten biomorphen Labyrinthen. Mit seinem digitalen Bilderwerk will der Künstler neue Erfahrungshorizonte öffnen, aber auch auf das Potenzial und die Gefahren der zunehmenden Technologisierung hinweisen.

Das dritte große Museum im Haupthof des MQ ist die auf zeitgenössische Kunst spezialisierte Kunsthalle. In Wechselausstellungen erfahren Besucher mehr über die »Tropicalia«, die brasilianische Kunst der 1960er-Jahre, sowie über Keith Harings graffitiartige Kreationen. Auch für Kinder ist das Museumsquartier ein Magnet. Im »Zoom«-Museum feierten sie z. B. das Mozartjahr mit und erfuhren auf spielerische Weise viel über die Welt des Komponisten. Die Kleinen tobten in einem Bett, auf dessen Laken riesengroße Wanzen aufgedruckt waren, oder sie setzten sich Perücke und Dreispitz auf, zogen einen mit goldenen Knöpfen und Kordeln dekorierten Gehrock an und kutschierten dann eine Karosse durch das imaginäre Wien.

Das Architekturzentrum Wien präsentiert österreichische Projekte aus dem 20. und 21. Jahrhundert. Neben interessanten Ausstellungen veranstaltet es auch Exkursionen durch die Stadt. Ein architektonisches Kleinod ist etwa das »Glacisbeisl«. Sein Schanigarten befindet sich auf einem letzten Rest der alten Stadtmauer. In der von Weinreben umrankten grünen Oase auf der dicken, sieben Meter hohen Mauer lassen sich die Gäste Grammelknödel mit Sauerkraut und Krautfleckerl mit grünem Salat schmecken.

Die Mariahilfer Straße, Wiens längste Einkaufsmeile, ist die Hauptader des 7. Bezirks. Sie verläuft über zwei Kilometer vom Muse-

1 Lausbuben reisen im Kindermuseum ins antike Griechenland. **2** Zeitgenössische Malerei in der Galerie »Amer Abbas«. **3** Die Shopping-Szene auf der Mariahilfer Straße. **4** Liebhaber von Nostalgiefilmen treffen sich im »Bellaria«-Kino. **5** Im Restaurant »Zur Mitzi Tant« kocht die Chefin selbst. **6** Christian Attersee gestaltete die Fassade des »NH-Hotels«.

umsquartier bis zum Westbahnhof. Große Kaufhäuser wie Gerngross und Peek & Cloppenburg befinden sich hier. Letzteres siedelte sich im Gebäude von Herzmansky, einem der ältesten Kaufhäuser der Stadt, an. Das ursprüngliche Gründergebäude mit dem goldenen Firmenlogo und den riesigen Fenstern blieb jedoch in der Stiftsgasse 3 erhalten. Einst wie jetzt genießen Besucher im ebenerdigen Café La Cité Süßspeisen vom ehemaligen Hofzuckerbäcker Gerstner. Wer wirklich Shopping wie anno 1800 betreiben will, sollte durch die biedermeierlichen Passagen schlendern, die die Mariahilfer Straße mit der Hirschengasse beziehungsweise mit der Stiegengasse verbinden. Mehrere aneinandergereihte Hinterhöfe beherbergen hier kleine Schuhmanufakturen, Friseursalons und Restaurants.

Im Sog des Museumsquartiers hat sich rund um die parallel zur Mariahilfer Straße verlaufende Lindengasse die Wiener Kreativszene

1 Im Hotel »Das Tyrol« findet man selbst im Stiegenhaus Gegenwartskunst von jungen Künstlern, die noch auf der Akademie studieren oder gerade ihren Abschluss gemacht haben. **2** Jugendstil und moderne Kunst treffen im »Tyrol« aufeinander. **3** Das Restaurant »Dots«: Sushi im Zen-Ambiente.

angesiedelt. Die Designerin Mandarina Brausewetter muss wohl sehr oft in die Keith-Haring-Ausstellung gegangen sein, denn ihre T-Shirts sind von Street-Graffiti inspiriert. Einen Hauch von Paris bringt Sandra Gilles mit ihrer »La petite boutique« in die Straße. Die gebürtige Französin fabriziert sexy Nachtwäsche aus alten Hemden mit Spitzeneinsatz. »Morton's Art Palace« auf Nummer 39 bietet auf 800 Quadratmetern ausgesuchte asiatische Möbel sowohl für die große als auch für die kleine Brieftasche. Hier findet man viele Gustostücke, von fein geschnitzten Schatztruhen aus Nordindien bis hin zu Reliefen, die den Elefantengott Ganesha zeigen.

Wer beim Einkaufsbummel Lust auf etwas Süßes bekommt, der sollte einen Abstecher in der Konfiserie Dürnberger in der Neubaugasse machen. Das ganz im 1950er-Pistaziengrün gehaltene Bonbongeschäft führt 500 Arten von Leckereien, von handgefüllten Rumpastillen bis hin zu Pasteten aus weißer Schokolade mit getrockneten Marillenstücken.

Das Flair der Gegend fängt auch das »Small Luxury Hotel Das Tyrol« hervorragend ein. Das ehemalige Kloster und Freudenhaus macht in seinen öffentlichen Räumen auf Jugendstil, lockert ihn aber dann mit Gegenwartskunst auf. Gäste sitzen auf Thonetstühlen beim fabelhaften Frühstücksbuffet und schenken sich duftenden Kaffee in Tassen

Zeit für Mariahilf und Museumsquartier

Sehen und Erleben

Museumsquartier, Am Getreidemarkt (Museumsplatz), zwischen Mariahilferstraße und Burggasse, www.mqw.at. Eines der zehn größten Kulturareale der Welt.

Leopold Museum, Museumsplatz 1, Tel. 0-1-525700, www.leopoldmuseum.com. 5000 Werke des Jugendstils und Expressionismus.

MUMOK, Museumsplatz 1,Tel. 0-1-52500, www.mumok.at. 8000 Exponate moderner Kunst aus der Stiftung Ludwig.

Kunsthalle, Museumsplatz 1, Tel. 0-1-5218933, www.kunsthallewien.at. Wechselausstellungen über Gegenwartskunst.

ZOOM Kindermuseum, Museumsplatz 1, Tel. 0-1-5247908, www.kindermuseum.at. Wechselausstellungen und -aktivitäten für Kinder bis 12 Jahre.

Architekturzentrum Wien, Museumsplatz 1, Tel. 0-1-5223115, www.azw.at. Wechselausstellungen über die Baukunst des 20. und 21. Jahrhunderts.

Übernachten

Das Tyrol**, Mariahilfer Straße 15, Tel. 0-1-5875415, Fax 0-1-58754159, www.das-tyrol.at.** Elegantes, gemütliches Haus mit hervorragender Gegenwartskunst und freundlichstem Service.

Falkensteiner Hotel Am Schottenfeld**, Schottenfeldgasse 74, Tel. 0-1-5265181, Fax 0-1-5265181160, www.falkensteiner.com/de/hotel/schottenfeld.** Dieses stilvolle Tagungshotel bietet Gratiszimmer für Kinder unter 14! Verlockende Packages!

Essen und Trinken

Dots, Mariahilfer Straße 103, Tel. 0-19209980. Experimentelles Sushi in coolem Ambiente.

Einkaufen

Lindengasse. Zwischen der Stift- und der Schottenfeldgasse strotzt es nur so vor innovativen Geschäften, darunter »Morton's Art Palace«, eine Fundgrube für asiatische Möbel (in der Lindengasse 39).

U-Bahn-Stationen

U2 (Museumsquartier, Volkstheater), U3 (Volkstheater, Neubaugasse, Zieglergasse).

Tipp der Autorin

Hofmobiliendepot, Andreasgasse 7, www.hofmobiliendepot.at. Ausstellung über die Interieurs der »Sissi«-Filme.

---

ein, wie sie Josef Hoffmann nicht schöner hätte gestalten können. Wie Rudolf Leopold und Peter Ludwig hat sich Besitzerin Helena Ramsbacher ganz auf das Kunstsammeln verlegt. In den Zimmern des Hotels wimmelt es nur so von farbenfrohen Skulpturen und Malereien. Ramsbacher unterstützt junge Künstler und investiert so in die Zukunft. Aber auch arrivierte Künstler wie Kiki Kogelnik und Gunter Damisch sind in ihrer Sammlung vertreten. Zu Farben bekennt sich der Wellness-Bereich des Hotels. In der Lichttherapiedusche werden Gäste von angenehmen Rot-, Blau-, Grün- und Gelbtönen inspiriert. »Brillantengrund« wurde im 19. Jahrhundert die Schottenfeldgasse genannt, da hier reiche Seidenmanufakturen angesiedelt waren. Heute haben sich Designer und Werbeagenturen in den ehemaligen Fabriken niedergelassen. In dieses trendige Ambiente passt das »Falkensteiner Hotel am Schottenfeld« perfekt. Von seinen Loftzimmern aus genießen die Gäste einen tollen Blick über die Gegend. Das Haus gehört zu den zehn besten Tagungshotels in Österreich und versucht, auf die individuellsten Wünsche seiner Gäste einzugehen. Das modern-elegante Hotel ist aufgrund seiner edlen Fußböden bestens für Allergiker geeignet und bietet ein »American Style Breakfast« mit Rührei, Räucherfisch und sogar Rollmops! Als »Unterlage« für einen langen Tag im Museumsquartier ist das genau das Richtige!

Von der Couch in den Narrenturm
Sigmund-Freud-Haus und eine barocke Erlebniswelt

Das Privatschloss des Fürsten Liechtenstein, ein vorzügliches Wein-Hotel, Wiens beste asiatische Köchin und eine Irrenanstalt mit runden Wänden – das alles findet man in Wiens 8. und 9. Bezirk.

Verlässt man das Museumsquartier durch den Ausgang beim »Glacisbeisl« (Volkstheater) und wandert die Burggasse stadtauswärts, erreicht man das Spittelbergviertel, eines der ersten alten »Grätzeln«, die in den 1970er-Jahren aufgrund einer Bürgerinitiative vor der Spitzhacke gerettet wurden. In der Spittelberggasse, der Gutenberggasse und der Kirchberggasse haben viele der zierlichen barocken Häuser Fenster mit einer Rundglasfassade und efeubewachsene Innenhöfe. Die Straßen sind alle autofrei. An Wochenenden schlendern Besucher über das Kopfsteinpflaster zum Markt, auf dem Kunsthandwerker bemalte Seidentücher und ungewöhnlich geformte Ohrringe und Armreifen verkaufen. Im 18. und 19. Jahrhundert war der Spittelberg ein berüchtigtes Rotlichtviertel. In die ehemaligen Spelunken zogen im Zuge der Revitalisierung jedoch gemütliche Wirtshäuser ein. In der »Witwe Bolte« erinnert eine Aufschrift aus dem Jahr 1778 daran, dass Kaiser Joseph II. aus dem Freudenhaus flog, als er einmal inkognito auf Besuch kam. Das Biedermeierrestaurant »Zu ebener Erde und erster Stock« erstreckt sich, wie der Name schon besagt, über zwei Etagen. Es ist nach einer Posse von Dramatiker Johann Nestroy (1801–1862) benannt, der es hervorragend verstand, die Zensur im Metternich'schen Polizeistaat mit Witz zu umgehen. Die schauspielerische Tradition Wiens wird in diesem Grätzel ganz besonders gepflegt: Im gemütlichen Theater am Spittelberg tritt z. B. Erika Pluhar, die Grande Dame des Wiener Burgtheaters, auf und stimmt ein gefühlvoll-melancholisches Heurigenlied an. Klaus Trabitsch, einer von Österreichs besten Gitarristen, begleitet sie dabei auf der »Klampf'n«, wie sein Instrument auf Wienerisch heißt.

»Docent Dr. Sigmund Freud beehrt sich anzuzeigen, dass er von Mitte September 1891 an in IX. Berggasse 19 wohnen und daselbst von 5–7 Uhr (auch 8–9 Uhr Früh) ordiniren wird.« Mit dieser elementaren, sprachlich etwas verschrobenen Anzeige begann eine neue Ära in der Weltgeschichte. Jüdische Bürger, die wirtschaftlich weiter gekommen waren, waren vom Ghetto jenseits des Donaukanals in den 9. Bezirk auf der anderen Seite des Flusses gezogen,

1 Die gemütliche Badewanne im »Hotel Rathaus« befindet sich genau hinter dem Bett. **2** Das reichhaltige Frühstücksbuffet im »Hotel Rathaus«. **3** Sigmund Freud gefielen rote Samtmöbel. **4** Erika Pluhar und Klaus Trabitsch bei einer Wienerlied-Soirée am Spittelberg.

die direkt an den vornehmen 1. Bezirk anschloss. So auch die Familie Freud. Sie ließ sich in der Berggasse 19 nieder, in einem stattlichen Gründerzeithaus mit Gangfenstern mit geschliffenem Blumenmuster und pastellfarbenen Holztüren mit goldenen Schnallen. Betreten Besucher heute das »Freud Museum«, kommt es ihnen vor, als lebte der Zigarre rauchende Psychoanalytiker (1856–1939) noch immer hier. Sein Stock und sein Hut hängen in der Garderobe, seine Brille liegt auf dem Schreibtisch. Im Vorzimmer steht jedoch auch ein großer Reisekoffer. Es ist anzunehmen, dass ihn Freud 1938 mit ins Exil nach London nahm. Im Freud-Haus in Hampstead Heath befindet sich denn auch ein Großteil seines Mobiliars. Das Wiener Museum schafft es dennoch, einen guten Eindruck von seiner Wirkungsstätte zu vermitteln, zumal Freuds Tochter Anna in den 1970er-Jahren die berühmte weinrote Couch sowie einige andere Einrichtungsgegenstände nach Wien zurückbrachte. Sonderausstellungen informieren über Sigmund Freuds Sammlertätigkeit (er liebte kleine, feine antike Skulpturen) sowie seine Sommerurlaube. Angesichts der qualvollen Entwurzelung, die Sigmund Freud und seine Familie durchmachen mussten, mutet die Ikonografie der Votivkirche unmittelbar hinter dem Hauptgebäude der Universität etwas seltsam an. Der von Heinrich Ferstel (1828–1883) gestaltete

neogotische Sakralbau mit den zwei 99 Meter hohen Spitztürmen ahmt die Formgebung der Kathedralen von Köln und Chartres nach. Bizarr sind jedoch seine modernen Glasfenster: Sie gedenken sowohl der Opfer des Konzentrationslagers Mauthausen als auch der Gefallenen von Stalingrad – ein Zeugnis dafür, dass in den Jahren nach dem Zweiten Weltkrieg oft Äpfel mit Birnen vermischt wurden. Steigt man direkt vor dem Hauptgebäude der Universität bei der Station Schottentor–Universität in die Straßenbahn der Linie D ein, gelangt man in die Porzellangasse und zum Liechtenstein-Museum. Dieses befindet sich im Besitz der fürstlichen Regenten des Zwergstaates. Seit 2001 zeigt Fürst Hans Adam hier Schätze, die seine Familie seit mehr als 500 Jahren gesammelt hat. Als »barocke Erlebniswelt« stellt sich das Museum dar. In der Tat fühlen sich Besucher in das Zeitalter Maria Theresias zurückversetzt. Für die Errichtung des ehemaligen Landpalais scheuten die Fürsten Liechtenstein weder Kosten noch Mühen. Ausgeklügelte Fresken in teurem Ultramarinblau und Blattgold von Johann Michael Rottmayr (1654–1730) zeigen, dass der österreichische Künstler seinen italienischen Kollegen in Sachen illusionistische Malerei um nichts nachstand. Oft zieht der Künstler den Blick hinauf bis in die höchsten Höhen des Himmels. Padre Andrea Pozzos Fresken stellen Szenen aus dem Leben

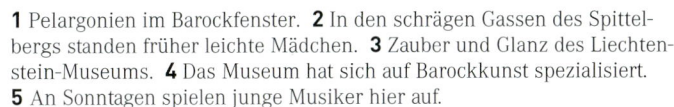

1 Pelargonien im Barockfenster. **2** In den schrägen Gassen des Spittelbergs standen früher leichte Mädchen. **3** Zauber und Glanz des Liechtenstein-Museums. **4** Das Museum hat sich auf Barockkunst spezialisiert. **5** An Sonntagen spielen junge Musiker hier auf.

des antiken Halbgottes Herkules dar. Besonders eindrucksvoll ist ein Bild aus Kindheitstagen: Da erwürgt der kleine Kraftprotz bereits in der Wiege ein paar Schlangen. Ein Besuch des Museums empfiehlt sich besonders am Sonntagvormittag. Am Tag des Herrn lädt der Fürst Besucher dazu ein, Kunst, Kulinarik und Musik zu genießen. Wie einst die adeligen Gäste sitzt das Publikum im Ballsaal und lauscht den Klängen einer Bachfuge, virtuos dargebracht von den Musikern des Gustav-Mahler-Jugendorchesters. Danach lustwandeln die Besucher durch die Galerien und bestaunen Gemälde wie das des ruppigen Kurfürsten Friedrich III. von Sachsen von Lucas Cranach dem Älteren oder nackte, vollbusige Schönheiten mit langen, blonden Haaren von Peter Paul Rubens. Nach dem flämischen Verehrer holder Weiblichkeit ist denn auch das Restaurant im Gartenpavillon benannt. So viel Kunst und Musik macht Hunger, und zum sonntäglichen Brunch serviert der Küchenchef saisonale Wiener Gerichte mit Gemüsebeilagen wie Bärlauch, Morcheln und Spargel.

1 Sohyi Kim: Wiens beste asiatische Köchin. 2 Design und Luxus im »Levante Hotel«. 3 In Carlo Bahrers Bar »Incognito« treffen sich Künstler aus der österreichischen Musikszene. Wohl auch, weil seine Cocktails lecker und stark sind.

Dazu verkosten Gäste Spitzenweine aus der fürstlichen Hofkellerei. Bei schönem Wetter spazieren Besucher gern noch durch die Park-anlage des Museums, deren Parterre französisch maniküriert ist, jedoch in einen natürlicheren, englischen Teil ausläuft.

Aus der Barockzeit stammt auch der riesige Altbau des Allgemeinen Krankenhauses (AKH), den man von der Ringstraßenstation Schot-tentor – Universität mit den Straßenbahnlinien 43 oder 44 erreicht. Nachdem das Krankenhaus in einen Neubau auf der Lastenstraße Gürtel übersiedelte, zog die Universität Wien in die historischen Räumlichkeiten ein. Den Studenten gefällt das weitläufige Areal mit seinen Liegewiesen und Gastgärten. Besonders den Bierdurst kön-nen sie hier stillen. In »Stiegls alter Ambulanz« und dem »Universi-tätsbräuhaus« wird je nach Saison Weiß-, Schwarz-, Rot- und sogar Fastenbier gezapft.

Auf dem Gelände des alten AKH steht auch ein Kuriosum: Im zylin-drischen Narrenturm wurden ab 1784 geisteskranke Menschen ein-gesperrt. Kaiser Joseph II. beauftragte seinen Hofarchitekten Isidore Canevale mit dem schmucklosen frühklassizistischen Bau. Patienten darbten hier in abgerundeten Räumen mit kleinen Schlitzfenstern hinter schwer vergitterten Türen. Heute ist das pathologisch-anato-mische Bundesmuseum in den Narrenturm eingezogen. Es stellt seine makabere Sammlung von Feucht- und Trockenpräparaten aus – Missgeburten mit doppelten Köpfen, abgezogene Hautstücke mit Tätowierungen und aufgeschnittene Luftröhren. Das ist nur etwas für Leute mit gutem Magen! Der österreichische Künstler Heimo Wallner »bevölkerte« eine Zelle mit Holzkohlezeichnungen von nackten Figuren mit kahl geschorenen Köpfen, die sich eng nebeneinander im Raum abmühen.

Nach einer solch ungewöhnlichen Erfahrung ist manchen dringend nach einem Szenenwechsel zumute. Wer im »Wein & Design Hotel Rathaus« in der nahen Lange Gasse abgestiegen ist, darf sich auf eine önologische Erfahrung der besonderen Art freuen. Jedes der 39 stilvoll eingerichteten Zimmer ist einem anderen österrei-chischen Top-Winzer gewidmet. Zur Minibar steuerten diese ihre edelsten Tropfen bei. In der elegant-gemütlichen Lounge des Hotels finden Verkostungen statt, bei denen Gäste des Hotels und auswär-tige Besucher mehr über den Weinbau erfahren.

Zeit für Sigmund Freud & Co.

Sehen und Erleben

Freud Museum, Berggasse 19, Tel. 0-1-3191596, **www.freud-museum.at.** Die langjährige Wirkungsstätte des Vaters der Psychoanalyse besticht durch seine Heimeligkeit.

Liechtenstein Museum, Fürstengasse 1, Tel. 0-1-31957670, **www.liechtensteinmuseum.at.** Hauptwerke europäischer Kunst in feudalem Rahmen. »Barocke Erlebniswelt« am Sonntag mit Kunst, Musik und Kulinarik.

Pathologisch-anatomisches Bundesmuseum (Narrenturm), Uni-Campus, Spitalgasse 2A (Zugang: Van-Swieten-Gasse), Tel. 0-1-40686722, www.narrenturm.at. Makabere Artefakte aus einer Zeit, als Krankheiten noch als Kuriosa gehandelt wurden.

Votivkirche, Rooseveltplatz 8. Neogotische Fantasie von Heinrich Ferstel.

Volksoper, Währinger Straße 78, www.volksoper.at. Oper und Operette auf höchstem Niveau.

Übernachten

Rathaus Wein & Design Hotel**, Lange Gasse 13, Tel. 0-1-400-1122, Fax 0-1-400-112288, www.hotel-rathaus-wien.at.** Stilvoll-gemütliches Hotel, das jedes seiner 39 Zimmer einem österreichischen Winzer gewidmet hat. Gut bestückte Minibar, Wein-Lounge, reichhaltiges Frühstücksbuffet mit hausgemachten Marmeladen.

Levante Parliament**, Auerspergstraße 9, Tel. 0-1-228280, Fax 0-1-2282828, www.thelevante.com.** Elegantes, helles Hotel mit Designmöbeln ohne viel Firlefanz. Kunstwerke aus Glas.

Essen und Trinken

Witwe Bolte, Gutenberggasse 13, Tel. 0-1-5231450. Wiener Köstlichkeiten in ehemaligem Freudenhaus.

Spittelbergviertel: Barockes Grätzl entlang der Spittelberggassen mit vielen netten Restaurants.

Kim Kocht, Lustkandlgasse 4, Tel. 0-1-3190242. Österreichs beste asiatische Köchin tischt ungewöhnliche Kreationen wie Thunfisch mit Grammeln auf. Unbedingt reservieren!

Café Weimar, Währinger Straße 68, Tel. 0-1-3171206. Altes Wiener Café mit schönen Logen.

Verkehrsmittel

U2 (Schottentor-Universität), Staßenbahn 43, 44 (Skodagasse), U6 (Währinger Straße), D (Porzellangasse).

Tipp der Autorin

Bar Incognito, Lustkandlgasse 6. Tel. 0-1 319 65 88. Szenetreff von Austrorockern.

Am äußeren Ende des 9. Bezirkes, schon am Währinger Gürtel, steht die schlichte Volksoper, das zweitgrößte Opernhaus der Stadt. Nachdem diese jahrelang als Spielort für Operetten wenig geschätzt wurde, erfuhr die Volksoper in den letzten Jahren einen enormen Auftrieb. Unter der Leitung des ehemaligen Burgtheaterschauspielers Robert Meyer stehen jetzt spannende Opern wie Ernst Kreneks »Kehraus um St. Stefan« auf dem Programm, ein Werk von 1930, das den Totentanz der Donaumonarchie thematisiert. Dazu verpflichtet der Direktor auch gern heimische Talente wie Roman Sadnik, einen Wiener Tenor, der in ganz Europa Furore macht.

Rund um die Volksoper hat sich ein Gourmet-Mekka etabliert. Österreichs wohl beste asiatische Köchin Sohyi Kim tischt in ihrem Restaurant »Kim Kocht« unvergleichliche Spezialitäten auf wie gefüllte Miesmuscheln in Steinpilz-Curry-Soße. Die fröhliche Koreanerin kocht mit Herz und auf höchstem kulinarischem Niveau. Nur eine Glaswand trennt das Lokal von der Küche, in der die Chefin meist selbst tätig ist. Aufgrund ihrer Kenntnisse auf dem Gebiet der Traditionellen Chinesischen Medizin sieht sie einem Menschen im Gesicht an, was ihm gesundheitlich fehlt. Und da Kim abends die Menüs nach ihrem Gutdünken zusammenstellt, kocht sie individuell für jeden Gast. Und das oft, ohne dass dieser es weiß.

Von Strizzis und Strawanzern
Der Prater – Riesenrad, Rummel und Natur

Der ehemalige Bauch von Wien speckt ab. Wo einst die Nachtwelt regierte, joggen heute Marathonläufer und konferieren Kongressbesucher. Wer so richtig auf den Putz hauen will, kommt jedoch noch immer auf seine Rechnung.

Wenn sich das Riesenrad abends langsam um die eigene Achse dreht, liegt ihm die ganze Stadt wie ein Glitzerteppich zu Füßen. Verliebte Paare schmiegen sich in einem der 15 Waggons eng aneinander. Es gibt keinen romantischeren Ort fürs Tête-à-Tête als Wiens 250 Tonnen schweres Wahrzeichen.

Das Riesenrad steht am Eingang zum Wurstelprater, einem weit über die Grenzen Österreichs hinaus bekannten Vergnügungspark. Er ist Teil einer sechs Millionen Quadratmeter großen Wald- und Auenlandschaft, die Kaiser Joseph II. 1766 der Öffentlichkeit zugänglich machte. Der Regent erlaubte Gastwirten und Kaffeesiedern, hier Lokale zu eröffnen. So entstand der Wurstelprater, benannt nach den Hans-Wurst-Vorstellungen, die damals nicht nur Kinder begeisterten. Die Wiener Unterwelt folgte jedoch auf dem Fuß. Bald war der Prater auch von kleinen Ganoven und Herumtreibern bevölkert, die man in Wien »Strizzis« und »Strawanzer« nennt. »Praterfeen« begannen, ihre Täschchen zu schwingen. Inzwischen hat sich die Prostitution in die Randbereiche des riesigen Areals verlagert. In den Wurstelprater geht, wer im größten Kettenkarussell der Welt mit 60 Stundenkilometern durch die Luft wirbeln will. Im Mai und Juni feiern Firmlinge den Tag ihrer Erleuchtung mit Fahrten im Autodrom, Trampolinspringen, und sie dürfen dem alten »Watschenmann« eine ordentliche Ohrfeige geben.

Aber auch ein Hauch von altem Prater durchweht den Vergnügungspark. Die Grottenbahn begeistert Kinder schon seit über 100 Jahren. Wenn die Kleinen im Waggon durch die dunkle Halle zuckeln, tauchen Schneewittchen, Dornröschen und Aschenputtel vor ihnen auf. 2009 eröffnete auch die Toboggan wieder, die älteste Holzrutsche der Welt. Ein Laufband befördert Besucher 100 Meter bis zur Spitze des Turms. Dann geht es innerhalb von einer Minute auf Jutesäcken flugs zum Eingang zurück. Um die Toboggan rankt sich so manche Legende. Eine Freundin einer Freundin sei auf dem wendeltreppenförmigen Rutschturm hinuntergesaust, als sich ein Holzspan löste ... »und sie quer durch den Bauch stach. Und schwanger

1 Nacht ist's im Prater. Auf den Achterbahnen herrscht reger Betrieb. 2 Sammy Konkolits vor seinem Toboggan. 3 Die Liliputbahn zuckelt gemächlich durch das Pratergelände. 4 Blick frei auf das Riesenrad und andere Attraktionen.

war sie obendrein auch noch. Mit Drillingen!«, schmückt Besitzer Sammy Konkolits diese Mär aus.

All jene, die es gemütlicher schätzen, setzen sich einfach in die schmalspurige Liliputbahn und erkunden das Praterareal auf einer 20-minütigen Fahrt. Der Wurstelprater wartet auch mit kulinarischen Schmankerln auf. Bratenduft durchzieht den gesamten Vergnügungspark. In den Imbissbuden brutzeln Verkäufer Lángos, große Fladen aus Hefeteig, die sie reichlich mit Knoblauch bepinseln.

Wer ein echter Wiener sein will, der muss zumindest einmal im Leben im Schweizerhaus gewesen sein. Gegenüber dem alten Karussell, in dem Pferde zur Leiermusik im Kreis laufen, befindet sich das Lokal mit dem großen Gastgarten. Flinke Kellner schleppen riesige Tabletts mit Krügen voller Budweiser Bier, direkt importiert aus der südböhmischen Stadt. Familien teilen sich eine gegrillte Stelze, wie das Eisbein in Wien genannt wird, und lassen die knusprige Kruste zwischen den Zähnen krachen. Eingetaucht werden die Fleischstücke in Mautner Markhofs Estragonsenf und frisch geriebenen Kren (Meerrettich), der einem Tränen in die Augen treibt.

Dem Rummel entfliehen ist jedoch ganz leicht. Man muss nur vom Schweizerhaus links den Karl-Kolarik-Weg nehmen, und schon gelangt man zur Prater Hauptallee, einen 4,4 Kilometer langen, auto-

5

freien Spazierweg, von dem viele Waldwege abbiegen. Hier fuhren Aristokraten und Großbürger im 19. Jahrhundert in ihren Fiakern spazieren, und fesche Leutnants verführten süße Mädel in den an die Allee angrenzenden Lokalen. Heute rollerbladen, joggen und radeln viele Sportliche durch die Allee und zweigen zur Jugendstiltrabrennbahn Krieau oder zum ultramodernen Messezentrum ab. Halten sich die Sportler einfach geradeaus, gelangen sie zum Lusthaus am Ende der Allee, einem neoklassischen Architekturjuwel aus dem Jahr 1783, das Kaiser Joseph II. als Jagdhaus verwendete. Im Sommer sitzen Gäste auf seinen zweistöckigen Rundbalkonen und genießen die frische Luft bei einem Glas Prosecco. Im Winter empfiehlt sich ein Besuch am Sonntagnachmittag. Wenn die Nebelschwaden über der Allee liegen, ist der Prater besonders stimmungsvoll. Dann kann man die ungewöhnliche achteckige Raumform des Lusthauses bei Kaffee und Kuchen auf sich wirken lassen und dabei die in Medaillons gefassten Wandmalereien bewundern.

Kaiser Josephs liebste Parklandschaft war jedoch nicht der Prater, sondern der Augarten. Ihn erreicht man mit der Straßenbahnlinie 2 über die Taborstraße. Schon Mozart, Beethoven und Schubert dirigierten Konzerte in der ältesten barocken Parkanlage der Stadt. Die

1 Eine Stelze und ein Krügel Budweiser – dafür kommt man ins »Schweizerhaus«. **2** Gäste lassen es sich gut schmecken. **3** Muskelkraft ist für die Ruderboote im Heustadelwasser gefragt. **4** Eine Künstlerin in der Porzellanmanufaktur Augarten. **5** Das »Lusthaus«: seit über 200 Jahren eine Augenweide.

Wiener Sängerknaben bewohnen heute das Palais. Die Künstler der Porzellanmanufaktur Augarten fertigen im Schloss bereits seit 300 Jahren Figuren und Tafelgeschirr von Hand. Die Erzeugnisse sind berühmt für ihre anmutigen und zarten Formen und leuchtenden Farben.

Das Belvedere hat im 52 Hektar großen Park eine Dependance für zeitgenössische Kunst eingerichtet. Im »Augarten Contemporary«, einem Atelier mit schrägen Nordfenstern, zeigen österreichische Größen wie VALIE EXPORT ihre neuesten Werke. Der Bildhauer Gustinus Ambrosi (1893–1975) erhielt dieses Atelier von Kaiser Franz Joseph, als er 20 Jahre alt war. Er schuf Tausende Skulpturen, die in ihrer Formensprache an Auguste Rodin erinnern und ebenfalls hier ausgestellt sind.

Der Augarten und der Prater liegen im 2. Bezirk, der Leopoldstadt. Da sich das Viertel gegenüber dem historischen Stadtzentrum am

1 Ein jüdisch-orthodoxer Bürger auf der »Mazzesinsel«. 2 In der »Spezerei« am Karmelitermarkt stehen edle Weine zur Auswahl, darunter auch einige sehr wertvolle. 3 Leckere Tapas werden in der »Spezerei« serviert.

Donaukanal befindet, ließen sich im Laufe der Jahrhunderte viele Händler hier nieder. So etablierte sich auch die jüdische Gemeinde, was dem Bezirk den Beinamen »Mazzesinsel« einbrachte. Nach dem Nazi-Terror war der Großteil des fast 40 Prozent ausmachenden jüdischen Bevölkerungsanteils ermordet. Trotz der Gräuel hat sich inzwischen wieder eine jüdische Gemeinde angesiedelt. Koschere Bäckereien und Restaurants tragen zur Vielfalt im neuerdings angesagten Karmeliterviertel in Flussnähe bei. Künstler und Immigranten schätzen die niedrigeren Mieten und die gemütliche Atmosphäre rund um den Tandlermarkt. Das koschere Lokal »Milk & Honey« in der Kleinen Sperlgasse serviert Pizza sowie vegetarische Spezialitäten aus Israel. Eine alte Markthütte hat sich in das georgische Lokal »Madiani« verwandelt. Hier delektieren sich die Gäste an Hühnerkeule in Walnuss-Ingwer-Soße und georgischem Gulasch mit Granatapfelkernen. »Skopik & Lohn« gaben einem urigen Wiener Gasthaus einen neuen Anstrich, ziert doch die Decke ein riesiges

Graffiti. Täglich kommen frische Spezialitäten auf den Tisch: Blutwurst mit Selleriepüree, Ravioli mit Paprika und Zitronenthymian und Schokoladenmousse mit Himbeergelee. Das Karmeliterkloster wurde 1683 von den Türken zerstört. Eine kleine historische Mauer steht jedoch noch immer in den Innenhöfen von Tandelmarkt-

Zeit für den Prater

Sehen und Erleben

Riesenrad Prater 90, Tel. 0-1-7295430. www.wienerriesenrad.com. Fast 120 Jahre altes Wahrzeichen.

Toboggan, Parzelle 83 a; Grottenbahn, Parzelle 43a; Hochschaubahn, Parzelle 113a.

Augarten. Öffentlicher barocker Park.

Karmeliterviertel. Wiens neuestes In-Viertel. Nette Restaurants und Geschäfte rund um den Tandlermarkt.

Übernachten

Hotel Stefanie**, Taborstraße 12, Tel. 0-1-211500, Fax: 01-21150160. www.schick-hotels.com.** Wiens ältestes Vier-Sterne-Hotel umfasst 120 wirklich ruhige Zimmer. WLAN gratis. Reichhaltiges Frühstück, bei Bedarf auch koscher.

Hotel Sofitel Stephansdom***, Praterstraße 1, Tel. 0-1-906160, www.sofitel.com.** Wiens »dernier cri« in Sachen Design, vom Stararchitekten Jean Nouvel gestaltet. Riesiger Glas- und Stahlpalast mit zum Teil bunter Fassade. Spa mit 2 Hamams. Französisch-österreichisches »Le Loft«-Restaurant im 18. Stock.

Essen und Trinken

Schweizerhaus, Prater 116, Tel. 0-1-728015213. Budweiser Bier aus Budva, Grillstelzen, großer Gastgarten.

Lusthaus, Freudenau 254. Tel. 0-1-7289565. Jagdpavillon aus dem Jahr 1783. Gediegene Wiener Küche mit internationalen Akzenten.

Madiani, Karmelitermarkt 21-24, Tel. 0-6644561217. Wiens bestes georgisches Restaurant. Hier wird viel mit Walnüssen und Granatäpfeln gekocht.

Milk & Honey, Kleine Sperlgasse 7, Tel. 0-1-2128169. Koscheres Restaurant mit italienischer Küche.

Skopik & Lohn, Leopoldsgasse 17, Tel. 0-1-2198977. Szene-Treff mit wechselnder Speisekarte. Gutes Essen, gute Preise.

Shopping

Porzellanmanufaktur Augarten, Obere Augartenstraße 1. Tel. 0-1-21124201. www.augarten.at. Unter der Woche tägliche Führungen um 10 Uhr.

Verkehrsmittel

U1, U2 (Praterstern – zum Wurstelprater), U2 (Stadion – zum Lusthaus), U2 (Taborstraße – zum Augarten), 2 (Karmeliterplatz).

Tipp der Autorin

Nightlife im Prater: Der Praterdome ist Österreichs größte Disco (Riesenradplatz 7, www.praterdome.at). In der Pratersauna (Waldsteingartenstraße 135, www.pratersauna.tv) spinnen die coolsten DJs. (Anreise: U2 Prater Messe)

gasse 8 und Karmelitergasse 24. Sie »schirmte« einst die Mönche vom jüdischen Getto ab.

Wiens ältestes 4-Sterne-Hotel »Stefanie« steht gegenüber der Karmeliterkirche, einem Gotteshaus mit Hochzeitstortenfassade. Das Haus in der Taborstraße beherbergt Gäste bereits seit 300 Jahren. Das ursprünglich als »Weiße Rose« bekannte Hotel taufte sich 1881 nach der Kronprinzessin und Gattin des Thronfolgers Rudolf um. Seit 1880 besitzt die Familie Schick das Hotel. Vier Generationen bestückten es mit edlen Antiquitäten. Trotz altdeutscher Betten und Kronleuchtern sind die wirklich ruhigen Zimmer des Hotels auf dem neuesten technischen Stand. WLAN ist kostenlos, Flachbildschirme sind selbstverständlich.

Einen architektonischen Sprung ins 21. Jahrhundert macht das von Jean Nouvel gestaltete »Sofitel Hotel Stephansdom« direkt am Donaukanal. Nouvel lässt sich in seinem Design immer von der unmittelbaren Umwelt beeinflussen. Von den 18 Stockwerken des Hotels genießen Besucher den Blick auf Wiens wichtigste Kathedrale. Das bunte Kirchenschiffdach zitierte der Architekt mit seiner vielfarbigen Fassadengestaltung. Die gesamte Lobby ist mit Glas überdacht. Hier spielt sich ein Feuerwerk aus Licht und Reflexen ab. Dazu ließ sich Jean Nouvel wohl vom Prater inspirieren.

Vororte

Palmenhaus im Schönbrunner Schlossgarten – das Wunder aus Glas und Eisen.

Die Aura der Arbeiterbezirke
Rund um den Zentralfriedhof – Simmering und Favoriten

Der zweitgrößte Friedhof Europas, Wiens einziges Renaissance-Schloss, eine ganze City aus Gasometern und das schönste Jugendstilbad Wiens findet man im 10. und 11. Bezirk der Stadt.

»Es lebe der Zentralfriedhof und alle seine Toten!« Mit diesem makaberen Ohrwurm sang sich Austro-Rocker Wolfgang Ambros in das morbide Herz seiner Heimatstadt. Die Wiener haben eine sentimentale Beziehung zum Sensenmann. Sie scheuen ihn nicht, sondern besingen ihn in Schrammel-Liedern wie einen alten Freund. »Es wird a Wein sein, und mia werd'n nimma sein« – und schnell stoßen sie noch ein Achterl runter, bevor der »Quiqui«, der Tod, kommt.

So besitzt die Stadt denn auch den zweitgrößten Friedhof in ganz Europa. Der Zentralfriedhof im 11. Bezirk (Simmering) wurde 1874 eröffnet. Er breitet sich über 2,5 Quadratkilometer aus und hat rund 330 000 Gräber und Grüfte. Drei Millionen »Bewohner« hat der Gottesacker. Diese Zahl lässt die 1,8 Millionen Wiener ganz schön klein aussehen.

»Witwen-Express« wird die Straßenbahnlinie 71 genannt. Der Friedhof ist so groß, dass die Tram auf der Simmeringer Hauptstraße vier Haltestellen hat. Eine Fahrt damit gibt Einblick in die Wiener Seele. Da zuckelt zum Beispiel ein älterer Witwer mit. Seine Frau ist vor einem Jahr gestorben. Jetzt kommt er sie jeden Tag besuchen, um mit ihr zu reden. Als sie noch lebte, tat er das nicht so gern. Da ging er lieber in den Keller, um heimlich ein Glas Schnaps zu trinken. Jetzt hat er nicht einmal mehr darauf Lust.

Als der Zentralfriedhof Ende des 19. Jahrhunderts seine Tore öffnete, stauten sich die Totenkutschen auf der Simmeringer Hauptstraße. Das trug nicht unbedingt zur Erheiterung der dort ansässigen Bevölkerung bei. 1918 nahm die Straßenbahn ihren Betrieb auf, und bis zum Ende des Zweiten Weltkriegs transportierte sie nachts Särge zum Friedhof, was ebenfalls viel Missbehagen erregte. Heute werden die Särge entweder in schwarzen Limousinen oder in weißen Kastenwagen gebracht.

»Eine schöne Leich'« gehört in Wien zum guten Ton. Begräbnisse werden oft zelebriert. Beim Leichenschmaus biegen sich die Tische mit Schnitzeln und Backhühnern. Viele Bewohner der Stadt zahlen jahrzehntelang für eine Begräbnisversicherung an eine Organisation, die ironischerweise »Wiener Verein« heißt.

1 Kuppel der Karl-Borromäus-Kirche. **2** In den Wiener Vorstädten findet sich viel Jugendstilarchitektur. **3** Fresken auf Max Hegeles Begräbniskirche auf dem Wiener Zentralfriedhof. **4** Im Amalienbad auf dem Reumannplatz wurden die Gestaltungsprinzipien des Art déco verwirklicht.

»Ein österreichisches Schicksal« nennt man ein Talent, das zu Lebzeiten kaum Beachtung findet, nach dem Tod jedoch in den höchsten Tönen gelobt wird. Franz Schubert (1797–1828) erging es so.
Betritt man heute den Zentralfriedhof beim Haupteingang (Tor 2)
und geht den Hauptweg entlang, stößt man auf sein Grab. Eine steinerne Muse hält den Lorbeerkranz über seine Büste. Als er noch
lebte, wurde fast kein einziges seiner großen Instrumentalwerke ge-
bührend gewürdigt. Ludwig van Beethoven (1770–1827) nahm von
ihnen keine Notiz. Immer hoffte Schubert darauf, sein großes Vorbild
kennenzulernen, aber es kam nicht dazu. Heute liegen die zwei
Komponisten einträchtig in Ehrengräbern nebeneinander. Obwohl
die beiden über 40 Jahre vor der Einrichtung des Zentralfriedhofes
verstarben, »übersiedelte« man sie später nach Simmering. Mit der
feierlichen neuen Beisetzung lockte die Stadtregierung viele Schau-
lustige an und stellte damit kritische Stimmen ruhig, die sich an der
großen Entfernung des Friedhofs vom Stadtzentrum störten. Der
Komponist Anton Bruckner (1824–1896) half bei der Überstellung.
Um ein wenig göttliche Inspiration zu tanken, umfasste er schnell
die Schädel, bevor ihn ein Friedhofswärter in die Schranken wies.
Geht man den Weg weiter geradeaus, kommt man in die runde
Gruftanlage, in der die verstorbenen Präsidenten der Zweiten Re-

publik bestattet sind. Darüber thront die Karl-Borromäus-Kirche, ein majestätischer, weißer Jugendstilbau von Max Hegele (1873–1945), einem Schüler von Otto Wagner. Mit ihrer wuchtigen Kuppel erinnert sie an die byzantinische Hagia Sofia in Istanbul. Unter dem Altar ruht der Wiener Bürgermeister Karl Lueger (1844–1910), der den Grundstein für die Kirche legte. Auf dem Wandgemälde »Das Jüngste Gericht« von Hans Zatzka ist der Rauschebart im Totenhemd dargestellt.

Karl Lueger stand der Christlichsozialen Partei vor, die den Antisemitismus als politisches Agitationsmittel einsetzte. Bei Luegers Begräbnis 1910 ging auch Adolf Hitler im Trauerzug mit. Eng mit der katholischen Kirche verbündet, versuchte seine Partei, Urnenbestattungen zu verhindern – schließlich besagt der katholische Glaube, dass Verstorbene ihren Körper bei ihrer Wiederauferstehung brauchen. Als die Sozialdemokraten 1922 den Bürgermeister stellten, erhielt der Friedhof endlich ein Krematorium, das Clemens Holzmeister (1886–1983) im orientalischen Stil mit gezackten Mauern gestaltete. Die katholische Kirche war anfangs auch dagegen, dass der Friedhof Tote anderer Konfessionen aufnahm. Heute umfasst er moslemische, buddhistische, griechisch- und russisch-orthodoxe Abschnitte sowie eine alte und eine neue jüdische Abteilung. Letz-

1 Tor zu den Arkadengruften auf dem Zentralfriedhof. **2** Im Herbst ist die letzte Ruhestätte vieler Wiener besonders stimmungsvoll. **3** In der k.u.k.-Villa »Schloss Concordia« fällt durch das Glasdach natürliches Licht ein. **4** Die Arkadengruften stammen aus dem Jahr 1876. **5** Das verwunschene Schloss Concordia.

tere sind besonders stimmig, legen doch die Hinterbliebenen Steine auf den Grabstein, damit die Verstorbenen derart »beschwert« in die Erde sinken.

Vom Krematorium sieht man auf das Schloss Neugebäude, Wiens einziges Renaissance-Schloss. Ein Teil seines Gartens wird heute als Urnenhain genutzt. Von diesem Schloss aus überblickte einst Kaiser Maximilian II. (1527–1576) seine Jagdgründe. Auch eine Menagerie und eine Spielhalle unterhielt er hier. Kurz nach Maximilians Tod verfiel das Schloss bereits. Kaiserin Maria Theresia ließ die Menagerie nach Schönbrunn übersiedeln und verwendete einige Bauteile für die Gloriette. Erst Ende des 20. Jahrhunderts schenkte man dem Neugebäude wieder Beachtung, und 2000 begann man, es behutsam zu restaurieren. Besucher können heute in den Gärten spazieren, an einer (im Voraus reservierten) Führung teilnehmen oder im Sommer Kino unter Sternen genießen.

1 Die Gasometer City: stilvolle Industriebauten aus dem 19. Jahrhundert. **2** Der Böhmische Prater ist ruhiger als sein Pendant im 2. Bezirk. **3** Shopping im Gasometer. **4** »Ich bin so wild auf deinen Erdbeermund ...« nach dem Genuss von »Tichys« Eissorte.

Ein weiteres Wahrzeichen Simmerings ist die Gasometer City. Die vier runden Backsteintürme aus dem Jahr 1899 versorgten die Stadt bis 1968 mit Gas. Jeder einzelne Turm ist so groß, dass er das gesamte Riesenrad in sich bergen könnte. Im Jahr 2001 wurden die Türme ultramodern umgebaut. Heute bergen sie 615 Wohnungen, ein Unterhaltungszentrum, ein Studentenheim, eine Veranstaltungshalle sowie Büros. Gasometer A hat wie die anderen Türme kein Dach mehr. Jean Nouvel hängte hier einen sternförmigen Kreis von Wohnungen in den Innenhof, der das Sonnenlicht optimal ausnutzt. Das Architektenteam »Coop Himmelb(l)au« fügte einen schildförmigen Zubau für Wohnungen an die Außenfassade von Gasometer B. Nur die Appartements in Gasometer D verfügen über Grünflächen und Loggien.

Eines hat die Gasometer-City jedoch nicht: ein eigenes Schwimmbad. Da müssen die Bewohner schon die U3 und die U1 nehmen und zum Reumannplatz fahren. In Simmerings Nachbarbezirk Favo-riten (10. Bezirk) findet sich nämlich das schönste Art-déco-Bad Europas. Es zeugt von den Bemühungen der sozialdemokratischen Stadtregierung der Zwischenkriegszeit, zur sportlichen Ertüchtigung der Allgemeinheit beizutragen. Das 33 Meter lange Schwimmbecken ist von einem gewölbten Glasdach überdeckt. Besucher blicken von zwei Balkonreihen mit hölzernen Umkleidekabinen auf den Pool. Der stilvolle Badepalast ist einer römischen Therme nachempfunden. Wie in der Antike schmückten die Architekten den Innenraum auch mit farbenfrohen Mosaiken.

Wer nach dem Schwimmen hungrig wird, sollte beim »Eissalon Tichy« auf der anderen Seite des Reumannplatzes einkehren. Hier wird das angeblich »beste Eis der Welt« serviert. Wiener aus allen Stadtteilen pilgern hierher, um die Erfindung des Meisters, Eismarillenknödel, zu kosten. Zuerst durchstechen sie die Haselnusskruste und schmecken dann das frische, sahnige Vanilleeis. Dann dringen sie langsam zur Aprikosenfüllung vor, die mit einem Schuss Rum verfeinert ist. Für den großen Hunger bietet das bürgerliche Restaurant »Meixner« an der Ecke Reumannplatz/Buchengasse allerlei Leckerbissen: Berta Meixner tischt hier Spanferkelrücken und Schneenockerl auf. Amalienbad, Tichy, Meixner: Geheimtipps, für die man in den 10. Bezirk kommen muss.

Zeit für den Zentralfriedhof

Sehen und Erleben

Zentralfriedhof, Simmeringer Hauptstraße, www.friedhoefewien.at. Tor 2 ist der Haupteingang. Ehrengräber für Mozart, Beethoven, Schubert und die Strauß-Dynastie. Jüdische Friedhöfe bei Tor 1 (alter Teil) und Tor 5 (neuer Teil). Krematorium im expressiv-orientalischen Stil.

Schloss Neugebäude, Otmar-Brix-Gasse 1, www.schloss-neugebaeude.at. Wiens einziges Renaissance-Schloss wirkt wie eine verwunschene Ritterburg. Führungen mit Reservierung möglich.

Gasometer City, www.gasometer.at. Wer Industriegebäude des 19. Jahrhunderts liebt, sollte hier einen Abstecher machen. Die Architekten Coop Himmelb(l)au, Jean Nouvel, Manfred Wehdorn und Wilhelm Holzbauer haben die Gastürme phänomenal für das 21. Jahrhundert adaptiert.

Amalienbad, Reumannplatz. Stilvolles Art-déco-Schwimmbad.

Böhmischer Prater, Laaer Wald, www.tivoli.at. Kleiner, 150 Jahre alter Vergnügungspark.

Übernachten

Hotel Favorita**, Laxenburgerstraße 8–10, Tel. 0-1-60-146, Fax 0-1-60-146720, www.austria-trend.at/Hotel-Favorita.** Hinter der Jugendstilfassade verbirgt sich ein auf alt gestyltes Hotel. In unmittelbarer Nähe zur U1 gelegen. Netter Innenhof.

Essen und Trinken

Schloss Concordia (Kleine Oper Wien), Simmeringer Hauptstraße 283, Tel. 0-1-7698888. K.u.k.-Villa mit Gartenlaube beim Zentralfriedhof. Schnitzel in ungewöhnlichen Variationen (Cornflakes-Panade). Abends nur Kerzenlicht.

Meixner's Gastwirtschaft, Buchengasse 64, Tel. 0-1-6042710. Gediegene Wiener Küche gleich am Reumannplatz. Martinigans, Kutteln, Schneenockerl.

Eissalon Tichy, Reumannplatz 13. Cremiges Milcheis und aromatisches Fruchteis. Spezialität: Eismarillenknödel.

Verkehrsmittel

71 (Simmeringer Hauptstraße zum Zentralfriedhof), U3 (Gasometer), U1 (Reumannplatz zum Amalienbad, Tichy, Meixner), Bus 73A (Nemethgasse zum Schloss Neugebäude).

Tipp der Autorin

Card Casino Montesino Wien. Guglgasse 11. Top 5. Tel. 0-1-9904729. www.montesino.at. Poker im Gasometer.

Wiens Versailles
Schloss und Park Schönbrunn – pompös und privat

In großen und kleinen Schlössern konnten die Habsburger hier – in einem Bezirk, der zu 70 Prozent aus Grünfläche besteht – sowohl repräsentieren als auch wie normale Bürger leben. Ihre Parks wurden zu Naherholungszielen.

Wasser gilt nicht erst heute als wichtiger Rohstoff. Es wurde schon im 16. Jahrhundert als edles Gut geschätzt. Als Kaiser Matthias (1557–1619) eines Tages durch den Wienerwald jagte, entdeckte er eine Quelle mit hervorragendem Wasser. Sein Cousin und Nachfolger Ferdinand II. ließ in der Nähe der Quelle ein Lustschloss bauen, und 1612 wurde der Name Schönbrunn zum ersten Mal urkundlich erwähnt. Fortan speiste der Brunnen den Wasserbedarf der Habsburger. Auch auf Reisen nahmen sie es in Kanistern mit. Größer als Versailles sollte das Schloss Schönbrunn werden, als Leopold I. (1640–1705) Johann Bernhard Fischer von Erlach im Jahr 1700 damit beauftragte, auf die Grundmauern des von den Türken zerstörten Lustschlosses ein Jagdschloss zu setzen. Versailles übertrumpfte das Gebäude aus Geldmangel in den folgenden Jahren zwar nicht, doch bot es ab Mitte des 18. Jahrhunderts genügend Platz für Maria Theresia und ihre 16 Kinder. Und auch für 1000 DienerInnen, denn der Hofstaat musste ja wie am Schnürchen laufen. Gelb leuchtet der Palast Besuchern entgegen. Es scheint, als ob der symmetrische Bau zumindest farblich das in Braun-beige-Tönen gehaltene Versailles überstrahlen wollte. Der Kies des Ehrenhofes knirscht unter den Füßen der Besucher wie einst unter den Hufen der Pferde, die hier in den Stallungen seitlich des Palastes ein- und ausgaloppierten. Elegant, jedoch verspielt zeigt sich das Rokokoschloss. Säulen und Rundbogenfenster gliedern die Fassade. 1441 Zimmer umfasst das Schloss. Die Prunkräume besichtigen Besucher im Viertelstundentakt. Zwar unterlag Schönbrunn Versailles größenmäßig, doch in Sachen Einrichtung kann das französische Architekturjuwel mit Schönbrunn nicht mithalten. Schließlich ist die Wiener Kaiserresidenz auch nicht während einer Revolution geplündert worden.
Besucher durchwandern zuallererst diverse Audienzzimmer. Die edle Täfelung des von Maria Theresias Architekten gestalteten Nussholzzimmers ist mit goldenen Girlanden verziert. Hier empfing Kaiser Franz Joseph montags und donnerstags auch einfache Un-

1 Gärtner arbeiten Tausende von Stunden daran, dass die Schönbrunner Bäume laubenartig zusammenwachsen. **2** Die Gloriette im Gewitterlicht. **3** Auch Fiaker ziehen in Schönbrunn ihre Runden. **4** Der Palast in all seiner gelben Pracht – auf ihn würde sogar der Sonnenkönig stolz sein.

tertanen, die sich sehr lange für ein sehr kurzes Gespräch anstellen mussten. Hier freut sich ein deutschsprachiger Tour-Guide gerade schmunzelnd, dass der Raum in der Sprache seines niederländischen Kollegen »Nuttenhautkammer« heißt.

Weiter geht es durch das Schlafzimmer Kaiser Franz Josephs mit englischem Wasserklosett (einer Neuheit für die Zeit) und seinem Eisenbett, in dem er 1916 starb. In den Gemächern seiner Frau Elisabeth stechen die vielen Fotografien ins Auge, die die Kaiserin von sich und ihrer Familie anfertigen ließ. Im Gelben Salon der Maria Theresia befindet sich das letzte Möbelstück aus dem Besitz ihrer Tochter, der 1792 geköpften Marie Antoinette. Im Spiegelsaal trat Mozart mit sechs Jahren zum ersten Mal vor der Kaiserin Maria Theresia auf. Er war von ihrem Anblick so entzückt, dass er ihr einen dicken Kuss auf die Wange drückte. Die Große Galerie wird auch heute noch für Bälle und Konzerte genutzt. Deckenfresken des italienischen Malers Gregorio Guglielmi zeigen Maria Theresia und ihren Mann Franz Stefan von Lothringen als Halbgötter, umringt von personifizierten Herrschertugenden. Ob sich John F. Kennedy und Nikita Chruschtschow von diesen Malereien inspirieren ließen, als sie hier 1961 Gespräche über eine Détente führten?

Berührend und zugleich optisch überladen wirken das Porzellanzimmer und das Miniaturenkabinett. Hier verewigten sich Franz Stefan sowie einige seiner Kinder in Dutzenden Tuschezeichnungen, die die Wände fast völlig bedecken. Die kaiserliche Familie interessierte sich auch für die Kunst des Orients und des Fernen Ostens. Im Vieux-Lacque-Zimmer sind die Wände mit schwarzen Tafeln verkleidet, auf denen chinesische Landschaften in Gold gezeichnet sind. Das Millionenzimmer zeigt Szenen aus dem höfischen Leben der indischen Mogule des 16. und 17. Jahrhunderts, die die Mitglieder der kaiserlichen Familie (banausenhaft) ausschnitten und in golden umrahmte, asymmetrische Kartuschen einsetzten.

Auch Napoleon residierte bei seiner Belagerung von Wien 1805 und 1809 in Schönbrunn. Sein Sohn, der Herzog von Reichstadt, kam als Zweijähriger (nach der Niederlage bei Waterloo) nach Wien zu seinem Großvater, dem österreichischen Kaiser Franz I. Er starb 21-jährig in dem Palast. Bis heute erinnert sein Lieblingstier, eine ausgestopfte Haubenlerche, an ihn.

Wenn es nach Architekt Fischer von Erlach gegangen wäre, würde das Schloss auf dem Hügel stehen, wo die Gloriette thront. Von der Balustrade dieses frühklassizistischen Kolonnadenbaus überblickt man den Park und das gesamte Wiental. Der Schlosspark ist im fran-

1 Ein junger, schlanker Franz Joseph wacht darüber, dass ja nicht zu viel gegessen wird. **2** In ihrem Boudoir ließ sich Kaiserin Sisi stundenlang die Haare bürsten. **3** Die Große Galerie zieren Deckenfresken von Gregorio Guglielmi. **4** Maria Theresia in Trauerkleidung. **5** Detail einer Standuhr im Gelben Salon.

zösischen Stil gehalten und die Bäume und Sträucher auf Fasson gestutzt. Biegt man vom Schloss links in die diagonale Obeliskenallee ein, stößt man auf die Quelle, die dem Schloss den Namen gab. Sie liegt am Ende eines Heckengangs versteckt. Die Nymphe Egeria sitzt hier auf einem Muschelbecken, und aus ihrem Krug ergießt sich das kaiserliche Wasser.

Biegt man links vom Schloss in die Lichte Allee und dann rechts in die Tiergartenallee ein, kann man das imposante Palmenhaus nicht verfehlen. Das schönste Glashaus des europäischen Festlandes wurde 1882 von Franz Xaver Segenschmidt dem Londoner Kristallpalast nachempfunden. Heute verbergen sich hinter seinen konvexen und konkaven, Schmutz abweisenden Fenstern Pflanzen aus verschiedenen Klimazonen, vom Amazonas bis zum Himalaja.

Die Habsburger liebten die Natur. Joseph II. baute in Schönbrunn Tee und Kaffee an. Sein Vater begründete 1752 den Tiergarten, der

als ältester Zoo in die Geschichte einging. Vom Tiroler Tierarzt Helmut Pechlaner ab 1992 hervorragend modernisiert, bietet er verschiedenen Tierarten viel Platz in einem Umfeld, das ihrem natürlichen Habitat am nächsten kommt. Der Tiergarten ist besonders stolz auf sein Nachzuchtprogramm. Am 23. August 2007 kam hier das erste Pandababy in Europa zur Welt. Fu Long wurde nach zwei Jahren aber nach China geschickt, um in der Forschungsstation Bifenxia ebenfalls für Nachwuchs zu sorgen. Und genau am 23. August 2010 folgte ihm ein Brüderchen. Kaum zu glauben, dass die Babys bei ihrer Geburt nur zehn bis zwölf Zentimeter maßen. Die Kleinen locken natürlich viele Besucher in den Tiergarten, die sie staunend beim Bambusknabbern beobachten. Und in den Läden des Zoos gehen Pandastofftiere so schnell weg wie warme Semmeln. Die Mitarbeiter des Tiergartens haben aber auch große Erfolge bei der Nachzucht von Sibirischen Tigern, Orang-Utans und Afrikanischen Elefanten.

Wie Marie Antoinette in Versailles in ihrem Schäferhäuschen Petit Trianon zur Natur zurückkehren wollte, so versuchten sich auch die Habsburger als Landwirte. Erzherzog Johann (1782–1859), der die Postmeistertochter Anna Plochl ehelichte, ließ auf den Hängen des südlichen Teiles des Tiergartens einen Bauernhof im Tiroler Stil er-

richten. Der steht zwar heute nicht mehr, doch ließ die Tiergartenverwaltung 1994 einen Kufsteiner Bauernhof aus dem Jahr 1722 in das Areal übersiedeln. In den Gehegen werden vom Aussterben bedrohte Alpentiere gepflegt, und der Hof selbst ist ein gemütliches Gasthaus. Die Köche des Tirolerhofes erzeugen ihren eigenen Käse und backen Brot. Diese Köstlichkeiten werden in der Scheune des Hofes zum Verkauf angeboten.

Kaiser Franz Josephs Leibspeise war jedoch der Tafelspitz, jenes spitz zulaufende, zarte Schwanzstück vom Rind. Wäre er noch am Leben, würde er sich freuen, dass sich das Restaurant »Plachutta« in der nahe gelegenen Auhofstraße auf dieses Wiener Gericht spezialisiert hat. Ab 12 Uhr mittags strömen die Gäste ohne Unterhalt in das Lokal in den Trademark-Farben Grün und Weiß. Pause zwischen Mittag- und Abendessen gibt es keine. Die Kellner servieren zwölf verschiedene Rinderstücke – vom Schulterscherzl bis zum Beiried – in glänzenden Kupferkesseln. Die Fleischstücke schwimmen in einer kräftigen Suppe, für die Fleischstrudel, Frittaten oder Nudeln als Einlage gewählt werden können. Das Fleisch ist butterweich. Zutaten wie Apfelkren, Cremespinat und Röstkartoffeln verleihen ihm eine spezielle Note. Die Gäste, darunter Prominente wie Mikhail Gorbatschow und Woody Allen, erhalten eine Anleitung, dass

1 Das Restaurant »Plachutta«: die erste Adresse für Tafelspitz. 2 Eine Nymphe zeigt in der Parklandschaft ihren schönen Rücken. 3 Süße Versuchungen im »Café Dommayer«. 4 In diesem Café spielte einst Johann Strauß. 5 Wie »Plachutta« ist das »Café Dommayer« in einem herrlichen Gründerzeitgebäude angesiedelt.

sie zuerst die Suppe essen und die Markstücke auf das getoastete Schwarzbrot auftragen müssen, bevor sie sich dem Rindfleisch zuwenden.

Zur Verdauung genehmigen sich Besucher gern einen starken Kaffee im Café Dommayer in der Gasse gleichen Namens. Das Café gibt es schon seit 1787, wenn auch an mehreren Standorten in Schlossnähe. Es rühmt sich der Tatsache, dass Johann Strauß Sohn sein Konzertdebüt in seinen Räumen gab. Auch heute noch erschallt Walzerklang aus dem Musikpavillon. Die herrlichen Süßspeisen der Kurkonditorei Oberlaa verbreiten den Duft von Vanille, Zimt und heißen Pflaumen im Raum. Der mit Arancini gespickte Mandelkuchen wird durch eine Cointreau-Schokoladencreme verfeinert.

Bevor Besucher ganz der Völlerei verfallen, sollten sie einen Ausflug in den Lainzer Tiergarten machen. Das ist kein Zoo, sondern ein 22,6 Quadratkilometer großer Naturpark, in dem man sich stunden- und sogar tagelang verlaufen kann. Bei guter Sicht blickt man von seinen Hügeln bis zu den Weißen Karpaten in der Slowakei. Wildschweine, Mufflons, Auerochsen, Rehe und Hirsche traben hier durch die Gegend. Eine Woche vor seiner Abdankung schoss Karl I., der letzte Kaiser von Österreich, hier noch ein paar Böcke. Kaiser Franz Joseph ließ hier 1886 für seine Gattin Sisi die Hermesvilla erbauen. Das Museum Wien zeigt hier bemerkenswerte Ausstellungen zur Stadtgeschichte. Sisis opulente Gemächer sind mit Hans Markarts »Som-

1

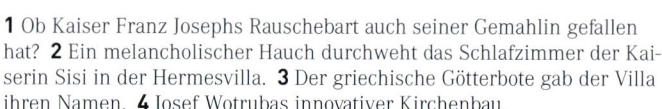

2

1 Ob Kaiser Franz Josephs Rauschebart auch seiner Gemahlin gefallen hat? 2 Ein melancholischer Hauch durchweht das Schlafzimmer der Kaiserin Sisi in der Hermesvilla. 3 Der griechische Götterbote gab der Villa ihren Namen. 4 Josef Wotrubas innovativer Kirchenbau.

mernachtstraum«-Fresken geschmückt. Die Kaiserin ritt gern durch den wunderbar wilden Park. Auf ihren Pfaden wandeln Besucher heute zu Fuß zum Rohrhaus oder Hirschgstemm. Im Rohrhaus steht an den meisten Tagen Millirahmstrudel auf der Speisekarte, der mit angefeuchteten Semmeln, Zucker, Eiern, passiertem Topfen (Quark) und Sauerrahm gefüllt und heiß mit Vanillesoße serviert wird. Beim Ausgang Rysergasse stoßen Besucher auf ein architektonisches Denkmal, das in starkem Kontrast zu all den Habsburger Bauwerken steht. Fritz Wotruba (1907–1975) schachtelte für die 1976 eröffnete Dreifaltigkeitskirche 152 rohe Betonblöcke aufeinander. Ihre schmalen, verschieden hohen Fensteröffnungen erzeugen überschneidende Lichtbündel im Kirchenraum. Wotruba wollte mit seinem Bau zeigen, dass Kargheit nicht hässlich sein muss und »dass Entsagen in einer Umgebung sein kann, die trotz größter Einfachheit schön ist und auch glücklich macht«. Was hätten die durch Luxus verwöhnten Habsburger wohl dazu gesagt?

3

Zeit für Schloss Schönbrunn

Sehen und Erleben

Schloss Schönbrunn, Schönbrunner Schlossstraße 47, www.schoenbrunn.at. Das Rokokoschloss Maria Theresias ist ganzjährig geöffnet. Verschiedene Touren mit Audio-Guides oder persönlichem Führer sind möglich. Beim Kauf von Online-Tickets gibt es keine Wartezeiten. Besuch des Schlossgartens gratis. Herrlicher Blick von der Gloriette (Café sehr empfehlenswert). Eindrucksvolles Palmenhaus.

Tiergarten Schönbrunn, Maxingstraße (Eingang geradeaus von der U4-Station Hietzing), www.zoovienna.at. Der älteste Zoo der Welt wurde in den 1990er-Jahren modernisiert und bietet viel Raum für seine Schützlinge. Im achteckigen Pavillon, das jetzt ein Café beherbergt, nahm Maria Theresia mit ihren Kindern das Frühstück ein.

Lainzer Tiergarten. Viele Wanderwege durchziehen den 22,6 Quadratkilometer großen Naturpark. Eintritt gratis. Wiener Spezialitäten in den Wanderhütten »Rohrhaus« und »Hirschgstemm«. Prunkstück des Parks: die Hermesvilla, ein für Kaiserin Elisabeth errichtetes Schlösschen. Das Wien Museum veranstaltet hier interessante Ausstellung zur Stadtgeschichte. www.wienmuseum.at

Wotruba-Kirche, Rysergasse/Georgsgasse, www.georgenberg.at. Moderne Kirche im Stil des Brutalismus.

Übernachten

Austria Trend Parkhotel Schönbrunn**, Hietzinger Hauptstraße 10–20, Tel. 0-1-878040, Fax 0-1-878043220.** www.austria-trend.at/Parkhotel-Schoenbrunn/de/. In diesem prächtigen Gründerzeitbau quartierte Kaiser Franz Joseph seine Gäste ein. Nach Renovierung stilvolles Ambiente und großer Saal, in dem rauschende Ballnächte stattfinden.

Essen und Trinken

Plachutta, Aufhofstraße 1, Tel. 0-1-8777087, www.plachutta.at. Gediegenes Wiener Restaurant, auf Tafelspitz spezialisiert.

Café Dommayer, Dommayergasse 1, Tel. 0-1-8775465, www.dommayer.at. Herrliche Mehlspeisen in Johann Strauß' Stammcafé. Musikpavillon mit Walzerklängen.

Verkehrsmittel

U4 (Station Schönbrunn zum Schloss, Station Hietzing: Schloss und Tiergarten), Autobus 60B (Station Lainzer Tor zur Hermesvilla), 60A (Haltestelle Kaserngasse zur Wotruba-Kirche).

Tipp der Autorin

Die Lange Gasse bei der Wotruba-Kirche mit ihren traditionellen Heurigenlokalen.

1

2

3

4

Vom Rotlichtbezirk zur Kulturmeile
Der Westgürtel – neues Leben in der Verkehrsader

Vor zehn Jahren drohte die Lastenstraße noch zu verslummen. Dann startete die Stadt Wien ein einzigartiges Revitalisierungsprojekt. Die Hauptbibliothek der Stadt zieht heute unzählige Leseratten an. Und in den Stadtbahnbögen wird getanzt.

An einem lauen Sommertag Ende August geht auf Wiens meistbefahrener Straße die Post ab. Beim »Gürtel Nightwalk« trotzen Tausende von Musikbegeisterten dem Verkehrslärm und tanzen zu Punk- und Popklängen. An der Lastenstraße, die ungefähr parallel zur innerstädtischen Ringstraße verläuft, stolzierten früher Damen mit superkurzen Miniröcken und hochhackigen Schuhen. Heute hat sich im ehemaligen Rotlichtmilieu eine aktive Kulturszene etabliert – und das an einem ungewöhnlichen Standort: in den von Jugendstilarchitekt Otto Wagner (1841–1918) gestalteten Stadtbahnbögen, einer 4,5 Kilometer langen Schienentrasse der U6. Die Geschäftslokale in den halbrunden Viadukten beherbergen heute cool gestylte Klubs. Dort drehen die DJs ihre Verstärker bis zur Schmerzgrenze auf, doch kein Nachbar ruft die Polizei. In den Lokalen »rhiz« und »Chelsea« (U6: Josefstädter Straße bzw. Thalia Straße) trifft sich die Crème de la crème der innovativen Wiener Electronica- und Brit-Szene. Im Fünf-Tische-Restaurant »Essstadt« interpretiert Küchenchefin Gordana Miac Mandelcremesuppe frei nach Jamie Oliver.

30 Millionen Euro kostete die Renovierung und Neuadaptierung der Bögen zwischen Josefstädter und Nussdorfer Straße. Ebenfalls 30 Millionen Euro stellte die EU für den Bau einer neuen Stadtbücherei zur Verfügung, um die urbane Problemzone aufzuwerten. Die Hauptbibliothek wurde in der Folge am Verkehrsknotenpunkt Urban-Loritz-Platz angesiedelt, in einer Gegend, wo noch 40 Prozent der Altbauwohnungen Toiletten am Gang haben. Architekt Ernst Mayr konzipierte einen sehr offenen Ort der Lesekultur. An den mexikanischen Aztekentempel Chichén Itzá erinnert die große Freitreppe an der Vorderseite der Bibliothek. Auf ihren Stufen schmökern Besucher in ihrer Lektüre oder treffen Freunde zum Plaudern. 300 000 Bücher und 65 000 audiovisuelle Medien beherbergt der Bau, der manchen aufgrund seiner seitlichen Bullaugen an ein Schiff erinnert. Von seinem kreisrunden Dachcafé genießen Gäste den Blick bis zum Kahlenberg und Leopoldsberg.

1 Das Hotel Schloss Wilhelminenberg bietet eine gute Aussicht über Wien. 2 Der Hof des »Boutique-Hotels Stadthalle« ist üppig begrünt. 3 So wohnte einst der Künstler Ernst Fuchs. 4 Die Stadtbibliothek am Gürtel mutet wie eine Pyramide an.

Wenn die Bibliothek an ein Schiff erinnert, dann erweckt die gleich hinter dem Urban-Loritz-Platz gelegene Stadthalle Assoziationen an ein Flugzeug. Wie zwei Flügel erheben sich die äußeren Teile des 10 000 Quadratmeter großen Stahldachs in die Luft. Österreichs größte Veranstaltungshalle öffnete 1958 ihre gläsernen Pforten. Im selben Jahr trat auch die »Austrian Airlines« ihren Jungfernflug an. Beide setzten ein Zeichen für den wirtschaftlichen Wiederaufbau und politischen Neuanfang. An das Werk des brasilianischen Architekten Oscar Niemeyer erinnert die von Roland Rainer (1910–2004) konzipierte Halle. Niemeyer stampfte auch in den späten 1950er-Jahren die modernistische Hauptstadt Brasilia aus dem Boden. Wie Niemeyers Präsidentenpalast wird auch das geflügelte Dach der Wiener Stadthalle vor der riesigen Fensterfront von grazilen Säulen gestützt. In der Halle traten schon Legenden der Musikgeschichte auf, von Frank Sinatra bis Tina Turner, von den Rolling Stones bis Prince. Jedes Jahr pilgern Fans hierher zu »Holiday on Ice«, zum »Fest der Pferde« und zur »Austrian Tennis Trophy«. Auch die von den 1950er- bis zu den 1990er-Jahren benutzten Möbel wurden von Roland Rainer gestaltet. Die Bugholzsessel mit dem Löchermuster in der Lehne sind äußerst bequem und ergonomisch klug durchdacht. Nach ihrer Ausmusterung aus der Halle wurden sie zu Designklassikern.

Roland Rainer gestaltete auch das Hallenbad neben dem Unterhaltungszentrum. Wie Bergspitzen in einer immer weiter nach oben strebenden Gebirgskette reihen sich die gläsernen Quader des Schwimmbades aneinander. Rainer setzte hier einen ungewöhnlichen farblichen Akzent: Die Glasscheiben werden von einem orangefarbenen Stahlgerüst in den Rahmen gehalten. Über das größte Schwimmbecken Österreichs spannen sich ebenfalls orange Trägerbalken. Rainers Vorliebe für Transparenz in der Architektur tritt auch hier in großen Löchern zutage. Das Stadthallenbad wurde 2011 behutsam restauriert und ist jetzt völlig barrierefrei.

Innovativ tritt auch das Boutique-Hotel »Stadthalle« in der Hackengasse auf den Plan. Besitzerin Michaela Reitterer nennt ihr Haus stolz »das weltweit erste Stadthotel mit Null-Energie-Bilanz«. Eine Grundwasserwärmepumpe, Photovoltaik- und Solaranlagen sowie drei Windräder decken den gesamten Energiebedarf. Das Regenwasser wird für die Toilettenspülung gesammelt. Auch sonst macht das Hotel ganz auf Bio: Der Altbauteil ist von Efeu bewachsen, und im Dachgarten auf dem Neubau wuchert der Lavendel. Die Innenräume strahlen viel Wärme aus und sind buchstäblich mit Herz gestaltet, denn der »Liebesmuskel« tritt oft als künstlerisches Motiv auf, die Betten und Kissen sind mit roten Stoffen überzogen. In der

1 Die Stadthalle versinnbildlicht den Aufbruch in ein neues städtebauliches Zeitalter. **2** Im »Chelsea« in den Stadtbahnbögen vergnügt sich die Jugend. **3** Es grünt so grün im Hotel Stadthalle. **4** Wiener Originale im Weinhaus Sittl. **5** Auf der Schmelz hegen und pflegen Wiener ihre Schrebergärten.

warmen Jahreszeit genießen die Gäste ihr Frühstück im ruhigen Innenhof oder auf der Glasveranda. Die 38 Zimmer im Passivhaus sind auf modern gestylt, die 43 Zimmer im Stammhaus auf Alt-Wien. Einige Zimmer sind barrierefrei, und die beiden Junior-Suiten verfügen über eigene Gartenterrassen.

Von der U6-Station Burggasse–Stadthalle geht es zwei Haltestellen weiter zur Josefstädterstraße, genauer zum Weinhaus Sittl (»Pelikanstüberl«) am Lerchenfeldergürtel. Das Gasthaus wurde 1740 zum ersten Mal erwähnt. Damals stand noch der Linienwall auf dem Areal des heutigen Gürtels. Diese von Leopold I. im Jahr 1704 in Auftrag gegebene Schutzmauer sollte die Stadt vor den Türken und Kuruzen bewahren. Nachdem die Gefahr gebannt war, bildete der Wall eine Trennlinie zwischen den Vorstädten rund um den Stadtkern und den noch nicht eingemeindeten Vororten. Wer in die Stadt wollte, musste für die Einfuhr von Lebensmitteln Steuer zah-

len. 1894 wurde die Mauer abgetragen. Dort, wo die Mauthäuschen standen, schossen in der Folge Stadtbahnhaltestellen aus dem Boden. Außerhalb des Linienwalls befanden sich gute und weit billigere Gasthäuser als in den Vorstädten. Das »Sittl« ist das letzte dieser historischen Ausflugsziele. Seine Fassade mag zwar barock sein, sein Innenleben präsentiert jedoch alle Stilrichtungen von der Jahrhundertwende bis zu den 1950er-Jahren. Da ist z. B. der schöne Holzpavillon im Garten, dessen Boden von einem riesigen Götterbaum gewellt wird. Die Einrichtung im Schankraum wurde seit über 60 Jahren nicht mehr modernisiert. Wiener Originale mit tabakgegerbten Gesichtern und Caritas-Klamotten lassen sich Hirn mit Ei schmecken und genehmigen sich dazu ein Viertel »Sturm« (Federweißen). Wenn Kabarettisten wie Richard Weihs und Claus Tieber im Pavillon eine Pause einlegen, kommen sie und schnorren sich von den Gästen einen »Tschik« (Zigarette). Und singen dann fröhlich den »Raumelschnoizablues« mit, in dem Richard Weihs das Gefühl beschreibt, Nasenrotzbällchen durch die Gegend zischen zu lassen.

Das »Sittl« steht im 16. Bezirk, einem traditionellen Arbeiterbezirk mit großen Industriebetrieben wie der Ottakringer Brauerei. Ein paar Straßen hinter dem »Sittl« befindet sich Wiens zweitgrößter Markt,

der Brunnenmarkt. In der Brunnengasse und rund um den Yppenplatz preisen dralle Verkäuferinnen frische Eierschwammerl und Kirschen an. Rund um den Markt hat sich ein Lokalviertel etabliert. Aufgrund des hohen Migrantenanteils finden sich hier viele türkische Restaurants. Das »Kent« nimmt eine Poleposition ein. Sein riesiger schattiger Garten und seine schmackhaften Kebabs ziehen Besucher an. Aber auch Szenetreffs haben hier ihre Pforten geöffnet: Im »Wetter«, einem ehemaligen Waschsalon, wird ligurisch gekocht – was nördlich der Alpen selten zu finden ist.

Wie viele andere Vororte ist der 16. Bezirk vom Wienerwald umgeben. Fährt man mit der U3 bis zur Endstation Ottakring und steigt dann in den Bus B46 oder B146, erreicht man den Wilhelminenberg und sein Schlosshotel. Das Jagdschloss im Neo-Empire-Stil umfasst neben Standardzimmern und Suiten auch Maisonettezimmer, in denen die Gäste von zwei Stockwerken aus den Blick über die 120 000 Quadratmeter große Parkanlage schweifen lassen können. Ein weitläufiges Grünareal umrahmt auch das psychiatrische Krankenhaus auf der Baumgartner Höhe. Inmitten der frei zugänglichen Parkanlage thront Otto Wagners Kirche am Steinhof, eines der schönsten Jugendstilgebäude. Der 1907 fertiggestellte Sakralbau ahmt in seiner Formgebung die barocke Karlskirche nach. Seine mit

1 Die fürstliche Treppe des Schlosshotels Wilhelminenberg. **2** Golden glänzt die Kuppel der Kirche am Steinhof. **3** Auch Engel schwingen hier ihre mächtigen Flügel. **4** Reger Handel am Brunnenmarkt. **5** Im Restaurant »Kent« wird der Kebab wie in Istanbul zubereitet.

zwei Kilogramm Blattgold ausgekleidete Kuppel glänzt Wien-Besuchern entgegen, wenn sie das Panorama vom Stephansdom oder vom Kahlenberg genießen. Goldene Lorbeerkränze reihen sich in einer Zierleiste unter dem Dach des weißen Gebäudes aneinander. Die vier Erzengel mit überdimensionalen Flügeln bewachen den Eingang, und im Innenraum veranstalten Kolo Mosers wunderschöne Glasmosaikfenster ein Farbenspiel. Das Kuppelmotiv setzt sich auch im Inneren fort, diesmal in der Form eines goldenen Baldachins über dem Altar. Auch die Decke ist mit filigranem goldenem Zierwerk ausgelegt. Im Unterschied zu barocken Kirchen wirkt das Jugendstil-Œuvre jedoch nicht überladen. Otto Wagner adaptierte den Innenraum für die Bedürfnisse von Kranken und ihren Pflegern. Alle Sitzbänke sind abgerundet, und das Weihwasser wird nicht in einem Becken gesammelt, sondern tropft herab. So werden Infektionen vermieden. Außerdem fällt der Boden zum Altar hin ab, damit das Personal den Raum leichter reinigen kann.

Otto Wagner selbst wohnte nicht allzu weit entfernt. Seine Villa gleicht einem griechischen Tempel. Eine Säulenhalle mit riesigen dorischen Pilastern beeindruckt gleich beim Eingang über der Freitreppe, über die eine Bronzestatue der Königin Esther gebietet, ganz nackt und mit imposanten goldenen Brustwarzen. Sie wurde vom Besitzer des Hauses, dem Künstler Ernst Fuchs (geboren 1930), geschaffen. Fuchs erwarb das vom Verfall bedrohte Haus im Jahr 1963 und renovierte es 1972. Heute ist die Villa ein Privatmuseum, und viele Werke des Mitbegründers des Fantastischen Realismus können hier bewundert werden.

Otto Wagner bewarb sich auch bei der Ausschreibung für den Entwurf des Technischen Museums, doch der Auftrag ging an Hans Schneider. Der 20 000 Quadratmeter große, historisierende Bau ist in drei mit Glaskuppeln überdachte Innenhöfe aufgeteilt. Hier können Besucher z. B. das älteste fahrbereite Automobil der Welt, einen Marcus-Wagen aus dem Jahr 1875, bestaunen. Für Menschen des 21. Jahrhunderts besonders interessant ist die permanente Ausstellung »medien.welten« im Obergeschoss des Museums. Sie bereitet die Entwicklung der Informationsübertragung und -speicherung von der Antike bis zur Gegenwart so klug auf, dass Besucher klar verstehen, wie wir alle auf dem Daten-Highway gelandet sind.

Zeit für den Westgürtel

Sehen und Erleben

Hauptbücherei Wien, Urban-Loritz-Platz 2a, Tel. 0-1-400084500, www.wienbuechereien.at. Der Neubau wertet den gesamten Gürtel auf.

Wiener Stadthalle und Stadthallenbad, Vogelweidplatz 14 und Hütteldorfer Straße, Tel. 0-1-98100. www.stadthalle.at. Roland Rainers architektonische Meisterwerke gaben in der Nachkriegszeit ästhetischen Auftrieb.

Brunnenmarkt. Wiens zweitgrößter Frischmarkt.

Ernst Fuchs Museum, Hüttelbergstraße 26, Tel. 0-1-9148575, www.ernstfuchs-zentrum.com. Der Mitbegründer des Fantastischen Realismus gestaltete Otto Wagners Villa in sein eigenes Museum um. Besuch täglich außer Samstag und Feiertage.

Kirche am Steinhof, Baumgartner Höhe 1, Tel. 0-1-91060-1107. Otto Wagners Wunderwerk im psychiatrischen Zentrum. Besichtigung Samstag 15 Uhr (ohne Voranmeldung). Führungen Samstag 16 Uhr.

Übernachten

Boutique-Hotel Stadthalle*, Hackengasse 20, Tel. 0-1-9824272, www.hotelstadthalle.at.** Null-Energie-Hotel mit ruhigem Innenhof, ansprechenden Zimmern und freundlichem Personal.

Austria-Trend-Hotel Schloss Wilhelminenberg**, Savoyenstraße 2, Tel. 0-1-4858503, Fax 0-1-4854876, www.austria-trend.at/hotel-schloss-wilhelminenberg/de.** Die Residenz eines Erzherzogs wurde in ein gediegenes Hotel umgestaltet. 20000 Quadratmeter großer Park.

Essen und Trinken

Weinhaus Sittl, Lerchenfelder Gürtel 51, Tel. 0-1-4050205. Ein altes Lokal mit Kleinkunstbühne voll Wiener Originalen.

Restaurant Kent, Brunnengasse 67, Tel. 0-1-4059173. Der populärste Türke am Brunnenmarkt serviert Hausmannskost.

Wetter, Payergasse 13, Tel. 0-1-4060705. In diesem ehemaligen Waschsalon gibt es ligurische Küche.

Verkehrsmittel

U6, 18, 6, 49 (Station Burggasse-Stadthalle zur Hauptbücherei, Stadthalle), U6 (Station Thaliastraße zum Brunnenmarkt), Bus 148, 152 (Ernst-Fuchs-Museum), 52, 58, 10 (Technisches Museum), 47A, 48A (Kirche am Steinhof), B46, B146 (Schlosshotel Wilhelminenberg).

Tipp der Autorin

Die Lokale »rhiz« (U-Bahnbogen 37, Tel. 0-1-409 25 05) und »Chelsea« (U-Bahnbogen 29/30, Tel. 0-1-407 93 09).

1 Lasziv gibt sich Ernst Fuchs' Skulptur. **2** Fuchs gestaltete Otto Wagners Villa ein wenig um. **3** Ausstellungen zum Anfassen: das Technische Museum präsentiert auf 22000 Quadratmetern geniale Erfindungen. **4** Die Exponate bringen die kleinen grauen Zellen in Bewegung.

Wien und der Wein
Die Heurigen-Bezirke – Rebensaft in Buschenschanken

In Neustift am Walde, Salmannsdorf und Grinzing setzen sich Wiener und Touristen auf einfachen Holzbänken zu einem Gläschen zusammen und genießen dazu frisches Grammelschmalz und den Blick in die Weingärten.

»Pipperln«, »sich andudln«, »tschechern« – die Wiener finden viele Dialektausdrücke, um ihren Alkoholkonsum zu beschreiben. »Fett sein«, »in Öl sein«, »an Fetzn ham« – auch für den Zustand der Betrunkenheit gibt es allerlei Varianten. Den Weinbau in der Region betrieben bereits die Kelten 400 v. Chr., und die Römer setzten die Tradition fort. Um 300 n. Chr. waren Winzer wie der urkundlich erwähnte Gallienus damit beschäftigt, Weingärten anzulegen und Rebsorten zu veredeln. Heute ist Wien weltweit die einzige Metropole mit nennenswertem Weinbau. Rebstöcke gedeihen auf 700 Hektar Grund. In der gesamten Stadt sind 320 Winzer tätig, die 20 000 Hektoliter pro Jahr produzieren, 82 Prozent davon Weißweine wie Grüner Veltliner und Riesling.

Der Großteil des Weins wird im Norden Wiens angebaut, im 19. und 21. Bezirk. Ausgeschenkt werden diese Tropfen in »Heurigen« – Schenken, die nur für eine bestimmte Zeit im Jahr ihre Pforten öffnen, zumeist in alten, einstöckigen Dorfhäusern mit großem Innenhof. Die Bezeichnung »Heuriger« kommt von »heuer«, »dieses Jahr«. »Heuriger« ist jedoch auch der Jungwein, der im Folgejahr zu Martini, am 11. 11., zum Altwein wird.

Heurigen-Lokale heißen in Wien auch »Buschenschanken«. Diese Bezeichnung geht auf den Brauch zurück, dass Winzer einen Kranz aus Föhrenzweigen über den Eingang ihres Hauses hängen und damit signalisieren, dass sie für gewisse Zeit als Gastbetrieb offen stehen. Diese Tradition des »Aussteckens« begann mit einem Erlass von Joseph II., der 1784 den Weinbauern erlaubte, ohne besondere Lizenz Eigenbauweine in ihren Häusern auszuschenken.

Als sich der Tourismus Mitte des 19. Jahrhunderts zu entwickeln begann, wurden die Weinbaudörfer vor den Toren Wiens zu ersten Sommerfrischen. Orte wie Neustift am Walde, Salmannsdorf, Grinzing, Nussdorf, Heiligenstadt, Strebersdorf, Oberlaa und Mauer sind heute eingemeindet und mit öffentlichen Verkehrsmitteln leicht zu erreichen – für weinselige Gäste äußerst praktisch.

1 Weinbauern verwandelten ihre Häuser schon vor Jahrhunderten in Buschenschanken. 2 Die berühmte Neustifter Nusskrone. 3 Manche Heurige sind schon denkmalgeschützt. 4 Idyllisch in den Weinbergen gelegen: der Heurige »Sirbu« am Kahlenberg.

An Wochenenden nehmen sich die Wiener für einen Ausflug an den Stadtrand Zeit und setzen sich bei Speis und Trank zusammen. Kinder finden »Heurigen-Freunde«, mit denen sie auf der Wiese oder dem Spielplatz herumtollen. Erwachsene schenken sich aus den Karaffen nach und tauchen Soletti – hauchdünne Salzstangen – in Liptauer, einen Weichkäse mit Rosenpaprika, Kümmel und Zwiebeln.

Ursprünglich verkauften Heurige nur kalte Speisen. Heute werden neben Kümmelbraten, Bauchfleisch und Geselchtem auch Brokkoli-Quiche und Spinatstrudel angeboten. Schweinefleisch wird zu Frikadellen (Faschiertem), Blutwurst, Bratwurst und Speck, zu Bratlfett und Grammelschmalz verarbeitet. Die perfekte Ergänzung zu den Fleischspeisen ist Kartoffelsalat. Kartoffeln werden ebenfalls als »Heurige« bezeichnet, wenn sie im selben Jahr geerntet wurden. Zum Nachtisch gibt es z. B. Mohnkuchen oder Topfenstrudel. Kein Heurigenbesuch ist jedoch komplett ohne kandierte Früchte. Diese werden z. B. zu Florentinern verarbeitet: Orangeat wird mit Mandelsplittern und Honig in einer runden Talerform gebacken und dann auf einer Seite mit Schokolade überzogen.

Nimmt man von der U6 bei der Haltestelle Spittelau oder Nussdorfer Straße den Autobus der Linie 35A, erreicht man das hübsche Wein-

dorf Neustift am Walde im 19. Bezirk. Hier trifft die alte Heurigen-welt auf das Wein-Business. Auf der einen Seite stehen saisonal geöffnete Buschenschanken wie der »Nierscher« und »Annette Prager«. Beim »Nierscher« genießen Besucher eine Aussicht bis zum Riesenrad, bei »Annette Prager« findet sich noch eine alte Wein-presse mit der Aufschrift: »Sei fröhlich und geduldig und bleib dem Wirt nix schuldig.« Dann gibt es aber auch große Weinbetriebe, die das ganze Jahr über geöffnet sind. Die Familie Wolff baut schon seit 1609 Wein an. Sie nennt ihr Lokal mit dem terrassenförmigen Gar-ten »Winzergasthof«. In Heurigen-Shows führen Sänger neben Wie-nerliedern auch Operettenmelodien auf. Wienerlieder wurden 1878 auch über die Grenzen Österreichs hinaus bekannt, als die Geiger Johann und Josef Schrammel sowie Gitarrist Anton Strohmayer als Terzett bei Heurigen auftraten.

Das Weingut »Fuhrgassl-Huber« ist ein richtiger Prachtbau. Er wurde vor 40 Jahren von Walter von Hoesslin konzipiert, dem damaligen Bühnenbildner der Wiener Volksoper. In diesem Weingut finden bis zu 800 Gäste Platz.

Mitte August ist in Neustift »Kirtag« (Kirchweih). Besucher von nah und fern verkosten die besten Weine an Stehtischen auf der Straße. Kinder fahren eine Runde Ringelspiel, das extra angekarrt wurde.

1 Der Weinbauort Grinzing ist ein malerisches Barockdörfchen.
2 Musiker beim »Duli-duli-jee«. 3 Karlheinz Hackl und Maresa Hörbiger im Grinzinger »Theater zum Himmel«. 4 Der »Landgasthof Fuhrgassl-Huber« in Neustift. 5 Gemütliches Beisammensein im Gastgarten.

Das Besondere an diesem Kirtag ist jedoch das Ritual mit der Krone: Neustifter Burschen tragen eine riesige, aus golden angemalten Nüssen gefertigte und reichlich mit Blumen verzierte Krone von Heurigen zu Heurigen. Die ursprüngliche Krone stammt aus dem Jahr 1752 und wird in »Eischer's Kronstüberl« aufbewahrt. Sie wurde Kaiserin Maria Theresia zu Ehren gefertigt, da sie den Neustiftern nach einer besonders schlechten Ernte die Steuern erlassen hatte. Wenn der »Hiatabua« (Hütebub) und seine Mannen heute bei einem Lokal auftauchen, wird das Tanzbein geschwungen.

Wiens bekanntester Weinbauort ist Grinzing mit Häusern wie aus dem Bilderbuch. Seine Bekanntheit verdankt der Ort wohl Ludwig van Beethoven, der im benachbarten Heiligenstadt mehrere Som-mer verbrachte und auf den Grinzinger Waldwegen spazieren ging. Gustav und Alma Mahler sind auf dem Grinzinger Friedhof begra-ben. Auch Mozarts Librettist Emanuel Schikaneder (1751–1812)

1 Das »Hotel Park-Villa«: herrlicher Jugendstil. 2 Über die Freitreppe im »Schikaneder-Lehar-Schlössl« schritt einst Mozart. 3 Über allen Wipfeln ist Ruh im Lebensbaumkreis am Himmel. 4 Der Salon im Schlössl.

bevorzugte es, in dieser einst ländlichen Gegend zu leben. Der Textdichter der »Zauberflöte« ließ sich im am Grinzing anschließenden Ort Nussdorf ein Barockschlösschen erbauen. Dieses gelangte 1932 in den Besitz des Komponisten Franz Lehár (1870–1948), der mit Operetten wie »Die Lustige Witwe« und »Land des Lächelns« Welterfolge feierte. Die Erben von Lehárs Bruder Anton haben an diesem verzauberten Ort ein Museum für den Komponisten eingerichtet.

Grinzing ist die Heimat der Schauspielerdynastie Hörbiger, deren Mitglieder im Burgtheater, auf der Leinwand und im Fernsehen große Erfolge hatten und haben. Paula Wessely (1907–2000) und Attila Hörbiger (1896–1987) feierten zu Lebzeiten große Triumphe am Wiener Burgtheater. Sie kauften sich 1935 ein Haus in der Himmelstraße 24. Dort zogen sie ihre drei Töchter Elisabeth, Christiane und Maresa auf, die ebenfalls alle Schauspielerinnen wurden. Maresa Hörbiger wandelte 2008 einen Teil ihres Hauses gemeinsam mit Burgschauspieler Karl Heinz Hackl in ein Veranstaltungszen-

trum um – das »Theater zum Himmel« war geboren. Im Sommer hören Besucher hier den lieblich-melodiösen Tonfall der Christine in Arthur Schnitzlers »Liebelei«, interpretiert von Hackls Tochter Franziska. In der kalten Jahreszeit wird im großen Salon des Hauses Adventtheater gegeben. Otto Schenk führt dann »Sachen zum Lachen« auf, und Erika Pluhar liest aus eigenen Werken. Auch die nächste Hörbiger-Generation ist schon eifrig am Werk: Maresas Sohn Manuel Witting unterstützt seine Mutter bei Aufführungen, Nichte Mavie Hörbiger und Neffe Christian Obonya geben hier Gastspiele.

Ausflügler, die die Himmelstraße bis zum Ende hinauffahren (z.B. mit dem Bus 38A), kommen wirklich in den Himmel, einen ganz besonderen Teil des Wienerwaldes. Am Pfaffenberg hat das Wiener »Kuratorium Wald« einen Lebensbaumkreis errichtet. Die 40 Bäume, die nach dem keltischen Horoskop angepflanzt wurden, entsprechen 40 verschiedenen Kalenderabschnitten. Menschen, die in diesen Zeiträumen geboren wurden, können Beschreibungen ihres vom Baum definierten Naturells nachlesen. Dann gehen sie in das »Oktogon«-Café und bestellen sich ein Glas Wein. Und trinken auf die Kelten, denn sie haben schließlich den Wein in die Region gebracht.

Zeit für die Heurigen-Bezirke

Sehen und Erleben

Lebensbaumkreis Am Himmel, Ecke Himmelstraße/ Höhenstraße, www.himmel.at. Große Wiese mit 40 Bäumen, nach keltischem Horoskop aufgestellt. Schöner Blick auf Wien.

Schikaneder-Lehár-Schlössl, Hackhofergasse 18, Tel. 0-1-3185416. Verzaubertes Barockschlösschen, das Mozarts Librettisten und dem Operettenkomponisten gehörte. Besuch gegen Voranmeldung.

Übernachten

Landhaus Fuhrgassl-Huber**, Rathstraße 24, Tel. 0-1-4403033, www.fuhrgassl-huber.at.** Gediegene Pension in Neustifts altem Rathaus. Suiten mit Parkettböden. Sauna. Schöner Garten.

Hotel Park-Villa**, Hasenauerstraße 12, Tel. 0-1-3675700. Fax 0-1-3675700, www.parkvilla.at.** Schönes Hotel im Cottage-Viertel, Wiens exklusivem Villenviertel. 30 Quadratmeter große Zimmer auf Alleenseite. Netter Garten.

Essen und Trinken

Fuhrgassl-Huber Buschenschank, Neustift am Walde 68, Tel. 0-1-440-1405. Großer Heurigenbetrieb im Herzen von Neustift.

Heurigen Wolff, Rathstraße 44–46, Neustift, Tel. 0-1-4402335. Heurigenhof mit südseitigem, windgeschütztem Terrassengarten.

Buschenschank Heinrich Nierscher, Strehlgasse 21, Neustift, Tel. 0-1-4402146. Hier zechte schon Kulturkritiker Karl Kraus. Saisonal geöffnet. Herrliche Sicht auf Wien.

Buschenschank Annette Prager, Salmannsdorfer Straße 10, Neustift, Tel. 0-1-4402085. Alter Weingarten mit romantischen Lauben. Saisonal geöffnet.

Verkehrsmittel

Bus 35A (Neustift und Salmannsdorf), 38, D (Grinzing, Theater zum Himmel), D (Station Nussdorf zum Schikaneder-Lehár-Schlössl), 38A (Lebenskreisbaum zum Himmel).

Tipp der Autorin

Theater zum Himmel, Himmelstraße 24, Grinzing, Tel. 0-681 10603357, www.theaterzumhimmel.at

Ausflüge in die Umgebung

Blick von der Ruine auf das malerische Städtchen Dürnstein in der Wachau.

Über den Dächern von Wien
Wiens Hausberge – Genießen in luftiger Höhe

Herrliche Aussicht auf Wien bieten die Hausberge im nördlichen Wienerwald. Wanderer ziehen hier ihre Runden, und Winzer schenken ihren Wein aus. Selbst die Wiener Stadtverwaltung keltert mit.

Keine andere Stadt kann sich so ausgedehnter Waldgebiete innerhalb ihrer Grenzen rühmen wie Wien. 105 645 Hektar umfasst der Wienerwald im eingemeindeten Gebiet und in der unmittelbaren Umgebung. Dabei hätte Wien um ein Haar seinen größten Schatz verloren: 1872 sollte ein Viertel des Waldes zur Abholzung an einen Holzhändler verkauft werden. Der Journalist Josef Schöffel (1832 bis 1910) bekam Wind von der Sache und fand durch Nachforschungen heraus, dass einige Beamte am Verkauf profitieren würden. Er legte dem Gericht seine Beweise vor und ging so als »Retter des Wienerwaldes« in die Geschichte ein.

Nicht auszudenken, welch hässlichen Ausblick die Wiener heute hätten, wenn Schöffel den Plan nicht vereitelt hätte. Fahren sie heute auf den Kahlenberg, Leopoldsberg oder Cobenzl, lassen sie den Blick über saftige Hänge, Weinberge und einen dichten Mischwald schweifen. Diese Aussichtspunkte sind auch abends ein Erlebnis, wenn die ganze Stadt im Lichterschein glitzert. Die Höhenstraße und ihre vielen Serpentinen haben es nächtens auch verliebten Paaren angetan. Auf den Parkplätzen finden sie die Ruhe für ein Stelldichein.

Unter den Hausbergen der Wiener ist der Kahlenberg wohl der bekannteste. Von hier sollen die Truppen des Polenkönigs Jan Sobieski III. (1629–1698) auf die türkischen Belagerer gestürmt sein und Wien befreit haben. (Obwohl historische Forschungen ergeben haben, dass sie eigentlich am Leopoldsberg ihre Offensive starteten, der damals Kahlenberg hieß. Aber das ist eine komplizierte Geschichte.) Die barocke Kirche St. Josef auf dem Gipfel des Berges hat heute eine eigene Kapelle für den »Befreier der Christenheit« eingerichtet. Diese ist übervoll mit Rosenkränzen, und auch eine schwarze Madonna darf nicht fehlen. Vor der Kirche bietet der Imbissstand »Sobieski« neben Kahlenberger Pfefferwurst auch polnische Spezialitäten wie Pierogi an, denn Gäste aus Polen machen hier gern halt.

Der österreichische Nationaldichter Franz Grillparzer (1791–1872) sagte einst: »Hast du vom Kahlenberg das Land dir rings beseh'n,

1 Wiens beliebtester Aussichtspunkt: das Plateau am Kahlenberg. **2** Die barocke Kirche thront am Gipfel des Leopoldsberges. **3** Wanderweg zum Schloss Cobenzl. **4** Das »Häuserl am Stoan« beherbergt ein Sammelsurium von Antiquitäten.

1 Genuss in luftigen Höhen: Sauerstoff regt den Appetit an. 2 Im »Schloss Cobenzl« finden Traumhochzeiten statt. Neben einem eleganten Restaurant gibt es hier auch einen Heurigen. Besonderes Novum: Wein trinken und gratis WLAN-Internet nutzen! 3 Stilvoll dinieren im Restaurant des Weinguts Cobenzl im 19 Bezirk.

so wirst du was ich schrieb und was ich bin versteh'n.« All jene, die das »Suite'Hotel Kahlenberg« als ihren Standpunkt in Wien wählen, können über Grillparzers Verse länger meditieren. 20 modern-elegante Suiten mit einer Grundfläche von 52 bis 82 Quadratmetern bieten von ihren Balkonen ein herrliches Panorama über Stadt und Land. All jene, die nicht über Nacht bleiben, können die Aussicht von der riesigen Terrasse des »Cafe'Restaurants« genießen.

Den urtypischen Heurigen »Sirbu« erreichen Besucher des Kahlenbergs vom Aussichtsplateau aus zu Fuß in 15 Minuten. Er steht mitten in den Weinbergen, jedoch so hoch, dass ihm Wien zu Füßen liegt.

Neben dem Kahlenberg erhebt sich der Leopoldsberg, der vom Plateau über den Stadtwanderweg 1 in 30 Minuten zu erreichen ist. Auf dem Gipfel des Leopoldsberges geht es ruhiger zu. Zwar hat man hier ein ähnlich fantastisches Panorama wie auf dem Kahlenberg, doch verschlägt es mehr Einheimische hierher als Touristen.

Einige von ihnen sind über die »Nase« zum Gipfel des 425 Meter hohen Berges aufgestiegen. Dieser befestigte Stadtwanderweg schlängelt sich über einen Steilhang. Wanderer überwinden auf 1,5 Kilometern beachtliche 220 Höhenmeter. Etwas Erleichterung schaffen die durchgehende Asphaltierung und neun Stiegenanlagen mit 310 Stufen. Spaziergänger verweilen auch gern auf den fünf Aussichtsplattformen und einer Kanzel. Hier blickt man auf die Donau, denn der Leopoldsberg erhebt sich genau an der Wiener Pforte, jener Stelle, wo die Donau den Wienerwald durchstößt und ins Wiener Becken eintritt. All jene, die es sich einfach machen wollen, sollten die »Nase« einfach bergab gehen. So gelangen sie ins malerische Kahlenbergerdorf, das sich eng an den Leopoldsberg schmiegt. In diesem Dörfchen befinden sich einige charmante Heurige mit guter Aussicht.

Den Cobenzl, den Dritten im Bunde der Wiener Hausberge, erreicht man über die Grinzinger Himmelstraße und die Höhenstraße (Buslinie 38A). Die Stadt Wien besitzt hier das »Weingut Cobenzl«, das außerordentlich guten Rebensaft produziert. Grüner Veltliner, Riesling, Weißburgunder, Zweigelt und Pinot Noir gedeihen prächtig in dem einzigartigen Mikroklima der Umgebung. Weinkenner verkosten die verschiedenen Sorten auf einer Führung durch das Press-

haus, während die Kinder im Streichelzoo des »Landguts Cobenzl« mit Kaninchen und Zicklein Freundschaft schließen können. Die Wiener Hausberge halten für Jung wie für Alt angenehme Überraschungen bereit!

Das benachbarte Landgut »Schloss Cobenzl« steht an der Stelle, wo ein Graf gleichen Namens im 18. Jahrhundert ein Anwesen besaß und W. A. Mozart zu Gast weilte. Besitzer Olaf Auer versteht sein Café-Restaurant als Wohnstube, wo sich Gäste zum gemütlichen Zusammensein treffen.

Bier darf bei Heurigen nicht verkauft werden. Wer jedoch inmitten aller Weinseligkeit Gusto auf Hopfen und Malz bekommen hat, der sollte einen Spaziergang zum »Häuserl am Stoan« in den Hügeln über Salmannsdorf antreten. Dieses Gasthaus hat vor 80 Jahren genauso ausgesehen wie jetzt. Unter all dem Schnickschnack, den die Besitzer im Laufe der Jahre zusammengesammelt haben, stechen vor allem die Gartenzwerge mit ihren roten Mützen hervor. In den doppelt verglasten Fenstern stehen große »Rexgläser« (Einweckgläser) mit selbst gemachtem Kirschkompott und eingelegten Gurken. Wanderer, die mehrere Stunden über den Hermannskogel gewandert sind, freuen sich auf eine gute Suppe oder Linsen mit Knödel.

Zeit für Wiens Hausberge

Sehen und Erleben

Kahlenberg. Der 464 Meter hohe Berg erlangte als Ausgangsort des Gegenangriffs gegen die Türken Berühmtheit. Barocke St. Josefs-Kirche mit Memorabilia an Jan Sobieski III., den Polenkönig, unter dessen Kommando die christlichen Truppen 1683 standen. Gute Aussicht von der Stephaniewarte.

Leopoldsberg. Dieser 425 Meter hohe Berg fällt dramatisch zur Donau ab. Steiler Panoramaweg über die »Nase«.

Kahlenbergerdorf. Das malerische Dorf schmiegt sich an die Hänge des Leopoldsbergs. Nette, traditionelle Heurige.

Cobenzl. 492 Meter hoher Hausberg der Grinzinger. Schließt unmittelbar an den »Lebenskreisbaum Am Himmel« an (siehe Kapitel 17). Wanderungen unterhalb des Gipfels zu Kreuzeichen- und Jägerwiese.

Weingut Cobenzl, Am Cobenzl 96, Tel. 0-1-3205805, www.weingutcobenzl.at. Die Stadt Wien produziert hier seit 1988 mit schonender Kellertechnologie Spitzenweine aus örtlichen Rebsorten. Der »Pinot Noir Bellevue Reserve 2007« wurde als Österreichs bester Rotwein prämiert. Bio-Bauernhof Landgut Cobenzl mit Streichelzoo (www.landgutcobenzl.at) und Landgasthof Waldgrill am Cobenzl (www.waldgrill-cobenzl.at) gleich daneben.

Übernachten

Suite'Hotel**, Am Kahlenberg 2–3, Tel. 0-1-3281500, Fax 0-1-3281503, www.kahlenberg.eu.** Modernes Hotel mit geräumigen Suiten, Glasfensterfront und Balkonen. Herrliche Aussicht über Wien. Cafe'Restaurant mit großer Terrasse.

Essen und Trinken

Heuriger Sirbu, Kahlenbergstraße 210, Tel. 0-1-3205928. Urtypischer Heuriger inmitten der Weinberge mit bestem Blick auf Wien. Moderate Preise für Speis und Trank.

Häuserl am Stoan, Zierleitengasse 42a, Tel. 0-1-440-1377. Ausflugslokal in den Hügeln über Salmannsdorf. Uriges Ambiente, netter Garten. Im Gegensatz zu den Heurigen in der Gegend gibt es hier auch Bier und Kaffee.

Verkehrsmittel

U4 Heiligenstadt, dann diverse Stationen mit der Buslinie 38A.

Tipp der Autorin

Vom Cobenzl-Parkplatz führt ein Weg zur Bellevue-Wiese. Hier stand einst ein Hotel, in dem Sigmund Freud mit seiner Familie Urlaub machte.

Wiener Wasserwelt
Transdanubien – Planschen in der Alten und Neuen Donau

Bis Mitte des 20. Jahrhunderts dauerte es, bis die Wiener die Donau für sich entdeckten. Mit der aufkeimenden Badekultur wurde sie jedoch beliebt. Nach der Ansiedlung der UNO-City spross hier auch vielerlei moderne Architektur aus dem Boden. Besucher zieht es an den Strand der Copa Cagrana, zur Alten, sowie zum Kaiserwasser. Hier schwimmen, rudern und segeln sie und lassen den Abend in netten Lokalen ausklingen.

Donau so blau, so grau und jetzt wieder: so blau. Über lange Jahre verschmutzt, erreicht der Strom in Wien jetzt fast wieder Trinkwasserqualität. Die Stadtregierung kann sich auf die Schulter klopfen: Neben verbesserten Umweltmaßnahmen zur Steigerung der Wasserqualität errichtete sie in den letzten 30 Jahren eine Freizeitlandschaft und einen Naturpark, die in Europa ihresgleichen suchen.
Mit über 100 Quadratkilometern ist die Donaustadt, der 22. Bezirk, der größte Stadtteil Wiens. Und nach Favoriten, dem 10. Bezirk, weist sie die zweithöchste Bevölkerungsziffer auf. Menschen, die hierher ziehen, schätzen die Natur. Schließlich nehmen Grünflächen fast 60 Prozent des Stadtteils ein.
Die Donaugebiete standen nicht immer hoch im Kurs. Als »zu entrisch«, zu gefährlich empfanden sie die Wiener über Jahrhunderte. Der Strom wurde 1875 jedoch reguliert, und mit der aufkeimenden Freizeit- und Badekultur siedelten sich Freibäder an den Ufern der stillgelegten Donauarme an. In den 1970er- und 1980er-Jahren ließ die sozialistische Wiener Stadtregierung (gegen den Willen der Oppositionsparteien) eine 21 Kilometer lange und 250 Meter breite Insel in der Donau aufschütten. Das dadurch entstandene Entlastungsgerinne (oder »Neue Donau«) schützt vor Überschwemmungen. Wird der Wasserstand des stehenden Gewässers zu hoch, wird das Gerinne geflutet. 1,8 Millionen Bäume und Sträucher wurden im Zuge dessen angepflanzt. Und die Wiener begannen, in der Neuen Donau zu schwimmen – völlig kostenlos.
An heißen Sommertagen springen die Bewohner der Stadt einfach in die U1 und fahren bis zur Station Donauinsel. Beim Aussteigen weht ihnen der Geruch von Barbecue-Steaks entgegen, denn an der Copa Cagrana, dem Freizeit- und Vergnügungszentrum an der Neuen Donau, wird gern gegrillt. Ein Wasserskilift lässt Wagemutige durch die Wellen brausen. Eine Rudermannschaft gleitet schnell und rhythmisch durchs Wasser. Partystimmung kommt am Abend

1 Langós verzehren die Wiener nicht nur im Prater, sondern auch auf dem Donauinselfest. **2** Skulptur von Bruno Gironcoli vor dem Ares Tower. **3** Auf der Copa Cagrana fühlen sich Besucher fast wie in Rio. **4** Blick von der Donauinsel auf den 202 Meter hohen Millennium-Tower.

auf: In Freiluftdiskotheken und Bars wird zu Salsa- und Merengue-Klängen getanzt. Die größte Party auf der Insel steigt jedoch zu Schulschluss Ende Juni: Dann wird das dreitägige Donauinselfest zelebriert, mit drei Millionen Besuchern das größte Musikfestival Europas. Das Fest bietet etwas für jeden musikalischen Geschmack: von Austro-Rockern wie Wolfgang Ambros und Rainhard Fendrich bis hin zu Oldies wie ZZ Top und Billy Idol und der anspruchsvollen Alpenmusik der Attwenger. Insgesamt liefern etwa 200 Künstler auf zwölf Bühnen 300 Stunden Programm – und das alles ebenfalls gratis.

Beschaulicher ist die Stimmung an der »Alten Donau«, zwei U1-Stationen entfernt. Dieses stehende Gewässer war ursprünglich ein Seitenarm der Donau. Als nach dem Ersten Weltkrieg die Korsetts fielen und Badende sich mit weniger Bekleidung in die Öffentlichkeit trauten, entstanden die ersten Strandbäder des »Roten Wien«. Nach wie vor beliebt ist das Gänsehäufl, eine ursprünglich bewaldete Sandinsel, die vor 100 Jahren noch von Schnattertieren bevölkert war. Das Bad wurde während des Zweiten Weltkrieges völlig zerstört, 1950 jedoch neu gestaltet. Nach seiner Renovierung im Jahr 2003 bietet es Platz für 30 000 Besucher. Diese hüpfen ins Wellenbad (einst das erste in Europa), spielen Beach-Volleyball oder ziehen sich in eine

4

ruhige Ecke zu einer Partie Schach zurück. 3500 Pappeln und Wei-
den gedeihen auf dem Areal. Auf dem zwei Kilometer langen Strand
gibt es auch einen Bereich für FKK-Fans. Im Gänsehäufl hat sich
auch eine Subkultur etabliert: Bei der Neuerrichtung des Bades im
Jahr 1950 wurden 290 »Kabanen« (Strandkabinen) zur Vermietung
freigegeben. Ihre Pächter verbringen den ganzen Sommer in Bade-
anzug und -hose und freuen sich über ihr mehrere Quadratmeter
großes Reich und den kleinen Vorgarten.

Auf der Alten Donau wird gern gesegelt. Diverse Klubs haben hier
ihre Marina. In der Segelschule Hofbauer können sich Besucher ein
Boot stundenweise ausleihen. Die Betreiber bereiten auch alles für
ein Mondscheinpicknick am Boot vor, inklusive eines Korbes mit
gekühltem Prosecco und Prosciutto, Tomaten und Baguette. In der
»Ufertaverne« der Segelschule delektieren sich Gäste an gegrilltem
Zander, der einige Stunden zuvor noch in der Donau geschwommen
ist. Auf einer Fahrt mit dem Tret- oder Elektroboot lernen Besucher
die versteckten Winkel der Alten Donau kennen. Vom Wasser aus
entdecken sie die Schrebergartensiedlungen mit ihren kleinen
Häuschen und tadellos gepflegten Blumenbeeten.

In der Donaustadt beginnt auch der letzte große geschlossene
Auenbestand in Europa. Die Lobau zieht sich von Wien bis an die

1 Die bekannte Schauspielerin Nina Proll entzückt die Besucher des
Donauinselfestes. 2 Das größte Musikfestival Europas zieht jährlich bis
zu drei Millionen Besucher an. 3 Event-Organisatorinnen am Werk.
4 Zur Donauinsel gelangt man über mehrere Brücken.

slowakische Grenze. 5000 Tierarten leben hier, darunter Biber,
Sumpfschildkröten und Kormorane – und jede Menge Stechmü-
cken oder »Gelsen«, wie sie in Wien genannt werden. Die Hainbur-
ger Au weiter flussabwärts sollte 1984 einem Kraftwerk weichen.
Daraufhin besetzten Umweltaktivisten im Winter monatelang die
Feuchtgebiete, bis die Bagger ihre stählernen Rüssel einziehen
mussten. 1996 wurde dann schließlich der Nationalpark Donau-
Auen gegründet.

Die Lobau erreicht man von der U1-Station Kaisermühlen mit der
Buslinie 91A bis zur Station Roter Hiasl. Hier gelangt man über Waldwege zur Panozza- und zur Dechantlacke, zwei unbelassenen Na-
turparadiesen, die die Freikörperaktivisten als gewandfreie Zonen
auserkoren haben. Die Lobau lässt sich jedoch auch leicht mit dem
1. Wiener Bootstaxi auf der MS »Skorpion« vom zentrumsnahen
Donaukanal erreichen. Manchmal sieht man Rehe im Wasser
schwimmen und Eisvögel in der Luft ihre Kreise ziehen.

1 Im Gänsehäufl an der Alten Donau können Gäste schwimmen und rudern. 2 Auch Schrebergartensiedlungen gibt es hier. 3 Die Segelschule und Ufertaverne Hofbauer an der Alten Donau ist das perfekte Ausflugsziel für den Urlaub daheim. 4 Wild und urwüchsig ist hier die Lobau.

Die Donaustadt beherbergte bis in die frühen 1960er-Jahre auch die größte Mülldeponie der Stadt, »Gstettn« auf Wienerisch. Doch 1964 eröffnete hier die Erste Wiener Internationale Gartenschau, und 800 000 Quadratmeter Grund wurden in eine Parklandschaft umgewandelt. Wien bekam ein neues Wahrzeichen. Mit seinen 252 Metern ist der Donauturm das höchste Bauwerk Österreichs. Gäste der beiden Drehrestaurants können ihren Blick bis zu den Voralpen schweifen lassen. Tollkühne stürzen sich hier von 152 Metern Höhe mit dem Bungee-Seil in die Tiefe.

Der Donaupark beherbergt auch Wiens schönstes China-Restaurants, in dem auf hohem Niveau gekocht wird. Das »Sichuan« wurde Ende der 1980er-Jahre als Prestigeprojekt von der chinesischen Regierung gestartet und ging später in Privatbesitz über. Sein 5000 Quadratmeter großer Garten wurde nach Yin-Yang-Prinzipien gestaltet. Riesige Trauerweiden küssen die Teichoberfläche, und

ein kleiner Wasserfall symbolisiert den Zustand von »Ruhe in Bewegung«.

Beim Spaziergang durch den Park entdeckt man Skulpturen, die an den kubanischen Revolutionär Che Guevara und den ermordeten chilenischen Präsidenten Salvador Allende erinnern. Was Papst Johannes Paul II. bei seinem Besuch 1983 wohl zu ihnen gesagt hat?

In der Donaustadt tut sich auch architektonisch einiges. Alles begann mit der Errichtung der UNO-City 1979, nach New York, Genf und Nairobi der vierte Hauptsitz der Vereinten Nationen. Der österreichische Architekt Johann Staber (1928–2005) entwarf für die UNIDO (UN-Organisation für industrielle Entwicklung), die Internationale Atomenergiebehörde und weitere Organisationen sechs konkave Bürotürme, die so stehen, dass sie sich nicht gegenseitig beschatten. Rund um das »Vienna International Center« entstand die Donau-City, eine hypermoderne Stadt in der Stadt. Der Wissenschafts- und Technologiepark Tech Gate Vienna von Sepp Frank und Wilhelm Holzbauer findet sich hier ebenso wie Heinz Neumanns und Hans Holleins Saturn Tower, der aus mehreren geometrischen Formen zusammengesetzt ist. Wolkenkratzer für Wien – wohl der nächste Abschnitt in der Stadtgeschichte!

Zeit für Transdanubien

Sehen und Erleben

Donauturm, im Donaupark (Donauturmstraße 4), **Tel. 0-1-2633572, www.donauturm.at.** Himmlischer Ausblick über ganz Wien in 150 Metern Höhe (U1 Alte Donau oder Kaisermühlen).

Strandbad Gänsehäufl, Moissigasse 21, Tel. 0-1-26990-16. Strandbad aus den 1950er-Jahren an der Alten Donau. Wellenbad, Wasserrutsche, abgetrennter FKK-Bereich. Shuttle von der U1 Kaisermühlen.

Vienna International Center, Wagramer Straße 5, **Tel. 0-1-260603328, www.unis.unvienna.org.** Wiener Sitz der Vereinten Nationen. Führungen Montag bis Freitag um 11 und 14 Uhr.

Lobau. Teil von Europas größtem erhaltenen Feuchtgebiet. 5000 Tierarten. Anfahrt: U1 nach Kagran, dann Bus 91 A zur Station Roter Hiasl. Anfahrt auch mit dem 1. Wiener Bootstaxi (MS »Skorpion«) vom Donaukanal oberhalb der Salztorbrücke, www.bootstaxi.at.

Übernachten

Arcotel Kaiserwasser**, Wagramer Straße 8,** **Tel. 0-1-224240, Fax 0-1-22424710,** **www.arcotelhotels.com.** Modernes Hotel gleich bei der UNO-City. Geräumige Zimmer und Appartements. Business-Einrichtungen. Edel-modernes Ambiente. Fitnessraum und Spa.

Essen und Trinken

Copa Cagrana und Sunken City. Restaurant-, Bar- und Discolandschaft gleich bei der U1-Station Donauinsel.

Ufertaverne, An der Oberen Alten Donau 186, **Tel. 0-1-2043953.** Das Lokal der Segelschule Hofbauer. Leckere Fischspeisen. Ambiente fast wie am Mittelmeer.

Sichuan, Arbeiterstrandbadstraße 122, Tel. 0-1-2633713. Wiens schönstes Chinalokal im Donaupark mit 5000 Quadratmeter großem Garten.

Sansibar und Rumba und Mambo. Zwei Tanzbars in der Sunken City direkt am Wasser. Mojito genießen und die Salsa-Hüften schwingen, heißt das Motto.

Verkehrsmittel

U1 Donauinsel, Kaisermühlen, Alte Donau.

Tipp der Autorin

Lokale am Kaiserwasser, einem Donauarm bei der U1-Station Kaisermühlen (gegenüber dem Vienna International Center).

Kunst, Kultur und Kirche
Klosterneuburg – die Chorherren kamen zuerst

Das Städtchen hinter dem Leopoldsberg stand jahrhundertelang unter der Herrschaft des Augustinerordens. Neben dem herrlichen Stift locken auch das Essl-Museum für Gegenwartskunst sowie das Gugging Museum für Art-Brut-Besucher in diese Gegend.

Wenn man Wien auf der nördlich der Donau verlaufenden Bundesstraße 14 verlässt, erblickt man linker Hand auf einer Anhöhe einen majestätischen barocken Sakralbau. Mit seiner imposanten Lage und Architektur bezeugte das Stift über Jahrhunderte die Macht der Augustiner-Chorherren. Bereits im Jahr 1133 kam der Orden nach Neuburg, die ehemalige Residenzstadt der Babenberger Markgrafen, die Ostarrichi von 976 bis 1246 regierten. Und sie erweiterten kontinuierlich ihren Besitz und Einfluss. Obwohl das Kloster nur 50 Mönche zählt, verwaltet es heute einen riesigen Grundbesitz in und um Wien.

Um die Gründung des Klosters rankt sich eine Sage: Markgraf Leopold III. (1073–1136) soll einst auf dem heutigen Leopoldsberg mit seiner Frau Agnes gestanden haben, als plötzlich ein Windstoß den kostbaren Schleier der edlen Frau wegblies. Leopold fand ihn Jahre später, als er auf der Jagd war – und genau an jener Stelle gründete er das Stift. Für seine Frömmigkeit wurde Leopold 1485 heiliggesprochen. Am Gedenktag des Landespatrons von Wien und Niederösterreich, dem 15. November, haben die Kinder in der Region schulfrei. Einige von ihnen statten dann dem Stift Klosterneuburg einen Besuch an. Beim traditionellen »Fasslrutschen« im Binderstadl sausen sie an der Außenseite eines Tausendeimerfasses hinunter. Dieser Brauch soll garantieren, dass im nächsten Jahr alle Wünsche in Erfüllung gehen.

Auch während des restlichen Jahres ist das Stift Klosterneuburg ein beliebtes Ausflugsziel. Seine eindrucksvolle Gestalt bekam es unter Karl VI. (1711–1740), der die Abtei in einen österreichischen Escorial umwandeln wollte. Ähnlich wie sein spanischer Ahnherr Philipp II. wollte er seinen Lebensabend in einer gewaltigen Klosterresidenz verbringen. Geldnöte und sein früher Tod vereitelten die Pläne des österreichischen Kaisers. Was blieb, ist jedoch durchaus sehenswert.

Besucher beginnen den Rundgang durch das Stift in der unvollendeten »Sala terrena«, der 2005 ihr ursprüngliches Gesicht wieder-

1 Miniaturbilder am kostbaren Verduner Altar. **2** Schmucke Häuser im Stadtzentrum von Klosterneuburg. **3** In riesigen Eichenfässern lagern edle Tropfen. **4** Das Chorherren-Stift in all seiner barocken Pracht, ein Hort von sagenhaften Kunstschätzen.

gegeben wurde. Acht muskelbepackte Atlanten tragen hier schwer am Mauerwerk aus Rohziegeln. Über das römische Lapidarium und die Schatzkammer (in der tatsächlich der Schleier der Agnes aufgehoben wird!) geht es zum mittelalterlichen Kreuzgang. Von hier gelangt man ins einstige Refektorium, das den wohl größten Kunstschatz des Klosters birgt: Der Verduner Altar aus dem Jahr 1181 stellt das Beste dar, was ein mittelalterlicher Goldschmied in zehnjähriger Arbeit leisten konnte. Die drei Altartafeln bestehen wiederum aus 51 vergoldeten Emailtafeln mit den Szenen aus der Heilsgeschichte. Da Email aufgrund seines hohen Schmelzpunktes sehr widerstandsfähig ist, leuchtet das Prachtstück heute noch immer in unverminderter Kraft.

Kunstmäzene gab es in Klosterneuburg nicht nur im Mittelalter. Das Industriellenehepaar Karlheinz und Agnes (!) Essl sind die weltweit größten Förderer österreichischer Gegenwartskunst. 1999 eröffneten sie das »Essl-Museum«, einen lichtdurchfluteten, modernen Bau, in dem in wechselnden Ausstellungen die 6000 Werke der Sammlung, darunter welche von Aktionisten wie Günter Brus und Hermann Nitsch sowie Neuer Wilder wie Herbert Brandl und Hubert Schmalix, in den Vordergrund gerückt und in einen internationalen Bezug gestellt werden. Aber auch das Schömer-Haus, der Firmen-

sitz von Essls Baumax-Gruppe, ist in seinem vierstöckigen Atrium mit Werken aus der Sammlung gespickt, darunter Malereien, Skulpturen und Videoinstallationen von Künstlerinnen wie Maria Lassnig, VALIE EXPORT und Kiki Kogelnik.

Ein Kunsterlebnis der besonderen Art ist ein Besuch im »Art/Brut Center Gugging«. Der Wiener Psychiater Leo Navratil (1921–2006) arbeitete bereits seit den 1950er-Jahren in der Nervenheilanstalt Gugging mit *outsider artists*. Heute sind Künstler wie sein schizophrener Patient Oswald Tschirtner (1920–2007) in der Kunstwelt hoch geschätzt. Tschirtners Kopffüßler drücken die Einsamkeit des modernen Menschen aus. August Walla (1936–2001) wiederum vereinnahmte seine gesamte Umgebung – Häuser, Bäume, Einrichtungsgegenstände – mit bunten, fantasievollen Symbolen und götterähnlichen Wesen. Im Haus der Künstler gleich neben dem Museum werken die Gugginger munter weiter. Während von Günter Schützenhöfers Abstraktionen eine seltsame Anziehungskraft ausgeht, hat sich Karl Vondal auf erotische Szenerien spezialisiert. »Sehr sexy«, kommentiert auf einmal eine Stimme im Hintergrund. Es ist Karl Vondal selbst. Er unterhält sich gern mit Besuchern. In einen solch engen Kontakt mit den Künstlern kommen Museumsgänger andernorts selten.

Zeit für Klosterneuburg

Sehen und Erleben

Stift Klosterneuburg, Stiftsplatz 1, Klosterneuburg, Tel. 02243-4110, www.stift-klosterneuburg.at. Der älteste Teil dieses imposanten Augustiner-Chorherrenstifts stammt noch aus der Romanik. Der Großteil ist jedoch barock. Atemberaubende Kunstschätze wie der Verduner Altar und ein siebenarmiger Leuchter aus Bronze aus dem 12.Jahrhundert. Am Sonntag werden zweistündige Führungen im Museum veranstaltet, die sich einzelnen Werken wie dem Babenberger Stammbaum näher widmen. In der Stiftskirche ruhen die Gebeine des heiligen Leopold, des Stiftsgründers.

Die Mönche verfolgen auch eine seit 900 Jahren ungebrochene Weinbautradition. Wer die Weine aus dem klimaneutralen Anbau verkosten will, sollte einen Abstecher ins stiftseigene Café Escorial (Tel. 02243-411670) machen oder im Stiftscafé im Pfortenhof (Rathausplatz 20, Tel. 02243-411611) und in der »Gastmeisterei« (Albrechtsbergergasse 1, Tel. 02243-4110) reinschauen.

Essl-Museum, An der Donau-Au 1, Klosterneuburg, Tel. 02243-37050-15, www.sammlung-essl.at. Größtes Museum für österreichische Gegenwartskunst mit ständig wechselnden internationalen Ausstellungen. Gleich daneben steht das Schömer-Haus, in dem gratis Hauptwerke österreichischer Kunst betrachtet werden können.

Art/Brut Center Gugging, Am Campus 2, Maria Gugging, Tel. 02243-87087, www.gugging.org. Das wichtigste Zentrum für *outsider art* in Mitteleuropa.

Essen und Trinken

Heuriger Schulteis-Seher, Buchberggasse 9, Klosterneuburg, Tel. 0-6769605522. www.schulteis-seher.at. Zu diesem saisonalen Heurigen gehen Einheimische gern. Sehr kinderfreundlich. Winzerin Elisabeth Seher keltert exquisite Tropfen.

Verkehrsmittel

Zum Stift und Essl-Museum: mit der Schnellbahn S40 bis Klosterneuburg-Weidling (ab U4, U6-Station Spittelau) oder mit dem Gratis-Shuttlebus zum Essl-Museum (Albertinaplatz 2, vor dem Café Mozart täglich außer Sonntag um 10, 12, 14 und 16 Uhr). Zum Art/Brut Center Gugging: mit der U4 bis Heiligenstadt, dann mit dem Bus 239 zum Museum.

Tipp der Autorin

Kaum getragene Designerware gibt es bei »First Hand« (Leopoldstraße 9, Klosterneuburg, Tel. 0676-3044681).

1 Die Türme der Stiftskirche sind entgegen allem Anschein neugotisch. **2** Österreichische Gegenwartskunst in der Zentrale der Firma Essl. **3** Birgit Ruzowitzky verkauft in ihrem Laden »First Hand« neuwertige Designerstücke zu günstigen Preisen. **4** Cornelius-Kolig-Ausstellung im Essl-Museum.

Wanderer, kommst du ins Spa ...
Biedermeierstadt Baden – Carpe diem

Schon die Römer wussten, wie sich echte Wellness anfühlt. Sie planschten in den warmen Schwefelquellen vor den Toren von Vindobona. Auch heute kommen Urlauber nach Baden zur Erholung oder auf einen Glücksritt ins Kasino.

Ein- und demselben Urlaubsort 33 Sommer lang die Treue zu halten, sagt schon etwas über diesen Platz aus. Kaiser Franz I. (1768–1835) muss es wohl in den Gliedern gespürt haben. Er ließ von 1803 bis 1834 jeden Sommer seine Karossen beladen und sich von der Hofburg 25 Kilometer in den Thermalort Baden kutschieren.
Nicht gerade von der Hofburg, aber von einer Haltestelle gegenüber der Oper auf der Ringstraße zuckelt heute die königsblaue Badner Bahn Richtung Süden, durch die industriellen Vororte Inzersdorf und Vösendorf und schließlich durch die Weinberge von Guntramsdorf. Ist sie einmal in Baden angelangt, schlängelt sie sich durch die Straßen, in denen sich hübsche Biedermeierhäuser aneinanderschmiegen. Alle sind sie zierlich und schlicht, von einer bezaubernden Eleganz. Sein einheitliches architektonisches Aussehen hat Baden einem Brand zu verdanken. 1812 vernichtete ein verheerendes Feuer alle innerstädtischen Bauten. Der Architekt Josef Kornhäusel (1782–1860) gestaltete in der Folge mehrere Gebäude, darunter das Rathaus auf dem Hauptplatz, dessen einzige Ornamente vier Säulen über dem Haupttor und steinerne Girlanden über den Fenstern sind. Nur einige Schritte entfernt, hinter dem Getümmel an Figuren und goldenen Kugeln an der Pestsäule, steht das schlichte Kaiserhaus, in dem Kaiser Franz I. seine Sommer verbrachte.
Seinen Ursprung verdankt Baden den Thermalquellen. Schon die Römer kamen hierher, um Linderung ihrer Muskel- und Gelenkschmerzen zu finden. »Gelbes Gold« nannten sie das Schwefelheilwasser, das – trotz des gutbürgerlichen Ambientes – an manchen Stellen in der Stadt bis zum Himmel stinkt.
Die »Römertherme« am Brusatti-Platz setzt die Tradition der *acquae* fort. Kurgäste und erholungsbedürftige Wiener besuchen das öffentliche, modern gestaltete Bad mit dem gründerzeitlichen Eingang (gestaltet von Siccardsburg und Van der Nüll, den Architekten der Wiener Oper). Aus 14 Quellen sprudelt das heilende Wasser. Neben Schwefel enthält es Kalzium, Sodium, Magnesium und Chlor und tritt

1 In der Sommerarena stehen Operetten- und Musicalstars auf der Bühne. **2** Ludwig van Beethoven verbrachte 15 Sommer in Baden. **3** Das Arnulf-Rainer-Museum ist im Frauenbad angesiedelt. **4** Das feudale Casino im abendlichen Glanz. Im Sommer serviert »Do & Co« auf der Terrasse Spezialitäten.

1 Im Thermalstrandbad Baden vergnügen sich Besucher im Sport- und im Schwefelbecken. 2 Das Arnulf-Rainer-Museum befindet sich am Josefsplatz. 3 Der herrliche Innenhof des Grand Hotel Sauerhof wurde vom Biedermeier-Architekten Josef Kornhäusel gestaltet.

mit einer Temperatur von 36 Grad an die Oberfläche. Im Sommer wie im Winter sind die Plätze bei den Düsen im Außenbecken heiß begehrt. Wer es sportlicher haben will, schwimmt im kühleren Becken unter dem größten frei hängenden Glasdach Europas. Am Rand des Schwimmbeckens bewundert ein Mann mit Goldkette und frisch gefärbten Haaren eine kurvige Blondine, die gerade ins Wasser gleitet. Ob er wohl nach einem Kurschatten Ausschau hält?

Mit Superlativen kann auch Badens Thermalstrandbad aufwarten: Es besitzt den größten künstlichen Sandstrand in Österreich. Neben zwei Schwefelbecken bietet das Art-déco-Bad auch viel Abwechslung für Kinder: ein Becken mit Wasserpilz, mehrere Rutschen sowie genügend Sand, um Burgen zu bauen. Jugendliche amüsieren sich bei Beach-Volleyball und Badminton oder gehen auf einen Milkshake in die Milchtrinkhalle.

Die ursprünglichen Römerquellen finden sich unter Badens zweiter großer Attraktion, dem Kasino. Dieses bezog eine alte Kurhalle und

adaptierte sie in ein Paradies für Spielbegeisterte um. Eine Gruppe von philippinischen Krankenschwestern steht am Roulettetisch und spielt mit System: eine Zeit lang nur auf die roten Zahlen, dann auf die schwarzen. Im Hintergrund zählt ihr Begleiter die 100-Euro-Scheine. Auch ein Rentner gesellt sich zu ihnen. Es ist Monatsanfang. Seine Glückszahl ist die 11, doch sie kommt einfach nicht. Das Loch in der Mitte des Roulettetischs verschlingt die roten, grünen und goldenen Jetons.

Schon allein die Innenarchitektur des Kasinos ist ein Erlebnis. Stiegengeländer und andere Accessoires sehen so aus, als wäre der Jugendstil im 21. Jahrhundert erfunden worden. Ein meterlanger Lüster aus Muranoglas erhellt den Eingangsbereich. Ihn zu putzen, kostet das Management immerhin 20000 Euro! Hier finden auch Veranstaltungen wie die Miss-Austria-Wahl statt. Im Sommer genießen Besucher die exzellente Küche von »Do & Co« auf der weitläufigen Terrasse des Kasinos. Bei einem Gläschen Wein aus der Gegend und Gourmetgerichten vom Buffet überblicken sie den romantischen Kurpark, in dem die Erzrivalen Johann Strauß und Josef Lanner einträchtig nebeneinander in Statuenform verewigt wurden. Vom Kurpark führt ein 60 Kilometer langes, markiertes Netz von Wanderwegen durch Wald und Heide.

Zeit für Baden bei Wien

Sehen und Erleben

Römertherme, Brusattiplatz 4, Tel. 02252-45030, www.roemertherme.at. Wellness-Welt auf 3500 Quadratmetern. Schwefelfreibecken, Kleeblattfreibecken (beide mit 34–36 °C warmem Wasser), Sportbecken (28°), Vitalbecken (32°). Saunen, Aroma-Dampfbäder, Massagen.

Thermalstrandbad, Helenenstraße 19–21, Tel. 02252-48670-15. Einmalige Kombination von historischer Architektur und modernstem Badespaß. Zwei 50-Meter-Schwimmbecken, zwei Schwefelbecken, Massagedüsen in verschiedenen Höhen, Bodengeysire, Massageliegen auf der Palmeninsel, Rutschen, Sprungturm, Kinderbecken, 3700 Quadratmeter Sandstrand.

Casino Baden, Kaiser-Franz-Ring, Tel. 02252-4454050-1, www.casinos.at. Alles, was das Spielerherz begehrt: Roulette, Black Jack, Poker Championships. Kulinarik von Do & Co.

Kurpark. Gleich vor dem Spielkasino. Statuen von Johann Strauß und Josef Lanner. Beethoven-Tempel. Von hier zweigen Wanderwege in den Wienerwald ab.

Doblhoff Park, Helenenstraße 2. Barocke Orangerie, Österreichs größter Rosengarten.

Beethoven-Haus, Rathausgasse 10, Tel. 02252-86800231. Gedenkräume für den Komponisten, der in Baden seine 9. Symphonie vollendete.

Kaiser Franz Josef Museum, Hochstraße 51, Tel. 02252-41100. Objekte aus Kleingewerbebetrieben des 19.Jh.

Arnulf Rainer Museum, Josefsplatz 5, Tel. 02252-20919611, www.arnulf-rainer-museum.at. Das ehemalige Biedermeier-Frauenbad beherbergt jetzt Spitzenwerke des österreichischen »Über«-Malers.

Übernachten

Grand Hotel Sauerhof**, Weilburgstraße 11–13, Tel. 0-2252-412510, Fax 0-2252-43626, www.sauerhof.at.** Eleganter, weitläufiger neoklassizistischer Bau von Josef Kornhäusel. Zimmer im ersten Stock mit Biedermeiermöbeln und Balkon empfehlenswert. Wellness-Center mit eigener Therme und Vinoble-Kosmetikprodukten.

Verkehrsmittel

Badner Bahn von Wien-Oper bis Endstation Josefsplatz. Schnellbahn S9 bis Station Baden.

Tipp der Autorin

Hamam im alten Franzensbad, Pergerstraße 17, Tel.: 0-2252-254578, www.hamam-baden.at. Stilvolles Ambiente mit Kachelmosaiken.

Einige Gehminuten weiter westlich liegt der Doblhoff-Park, der im Sommer besonders gut duftet. Hier hat die Stadtverwaltung auf 75000 Quadratmetern eines der größten Rosarien in Europa angelegt. Von Anfang Mai bis Anfang Juni werden hier die Rosentage abgehalten. 30000 Rosenstöcke erblühen dann in allen Farben, hegen und pflegen die Züchter hier doch 600 Sorten. Auch ein Open-Air-Ball findet im Park statt. Wie weiße Rosen drehen sich die Debütantinnen bei der Ballereröffnung im Walzertakt. Danach geht es zum »Rosenkavalier-Dinnerbuffet« in die festlich gedeckten Säle des benachbarten Schloss Weikersdorf.

Nach Baden zog es auch bedeutende Komponisten wie Ludwig van Beethoven (1770–1827). Der Wiener Klassiker mit der wilden Frisur fuhr 15 Mal hierher auf Sommerfrische. Er wohnte in einer Kupferschmiede in der Rathausstraße, wo er 1823 seine 9. Symphonie vollendete. Die ehemalige Werkstatt beherbergt heute eine Gedenkstätte an diesen Künstler mit dem Ruf eines Exzentrikers.

Beethoven aß gern im Grand Hotel Sauerhof zu Mittag, einem riesigen, von Joseph Kornhäusel entworfenen Hotel, das bereits im Jahr 1822 seine Pforten öffnete und sich auch heute noch seiner eigenen Quelle rühmt. Wenn der Kaiser in Baden residierte, brauchte sein Hofstaat ebenfalls ein angemessenes Quartier.

Kreuzritter und Kellergassen
Paradies Wachau – Landschaft wie aus dem Bilderbuch

Duftende Obstgärten, sonnenverwöhnte Weingartenterrassen, mittelalterliche Städtchen – diese Kulturlandschaft könnte einem Märchen entsprungen sein.

Donaudampfschifffahrtsgesellschaftskapitän ist wohl eines der längsten Wörter der deutschen Sprache. Es kommt einem in den Sinn, wenn eine Reise in die Wachau auf dem Programm steht, denn von Mai bis Oktober steuert die »DDSG Blue Danube« Österreichs schönste Flusslandschaft an. Rund 70 Kilometer vor den Toren der Bundeshauptstadt erstreckt sich eine 30 Kilometer lang gezogene Kulturregion: Die sanften Hügel mit ihren Weingartenterrassen und die mittelalterlichen Städtchen mit ihren eng verwinkelten Gassen ergeben ein solch geschlossenes Bild, dass die Wachau von der UNESCO im Jahr 2000 in die Liste der wichtigsten Stätten des Welt-kultur- und -naturerbes aufgenommen wurde.

Wer sich einen Tag oder mehr für einen Besuch der Wachau Zeit nehmen will, besteigt ein DDSG-Schiff oder fährt mit Zug oder Auto nach Krems, traditionellerweise die erste Haltestelle auf einer Rund-fahrt. Die ehemalige Münzstätte der Babenberger hat sich ihr Aus-sehen seit 1000 Jahren bewahrt. Als der Donauhandel in der Neuzeit aufgrund der Entdeckung neuer Kontinente abflaute, wurde in der Folge nur noch wenig gebaut. Deshalb sind die meisten der Stein-häuser mit ihren dicken Mauern noch aus dem Mittelalter erhalten. In den Dörfern außerhalb von Krems finden sich die traditionellen Kellergassen, in denen sich kleine Presshäuser eng aneinanderrei-hen. Hier stehen die Weinfässer tief im Erdreich. Winzer treffen sich in den Häuschen, um gegenseitig ihre Weine zu verkosten.

Über Krems thront die spätgotische Piaristenkirche. Von ihrem Turm aus erspähten die Kremser einst heranrückende Feinde – Raubritter und sonstige Halunken. Im Inneren der Kirche sticht vor allem das feine Netzrippengewölbe ins Auge. Martin Johann Schmidt (1718 bis 1801), der als »Kremser Schmidt« bekannt wurde, stellte die Himmelfahrt Mariens im Hochaltarbild dar. Niederösterreichs größ-ter Barockmaler war vor allem von Rembrandt beeinflusst.

In dem unmittelbar an Krems anschließenden Städtchen Stein hat sich in den letzten Jahren eine Kunstmeile etabliert. Eine Tabakfabrik aus dem Jahr 1852 wurde in die »Kunsthalle Krems« umgewandelt und zeigt wechselnde Ausstellungen wie »Lebenslust und Totentanz« und »Nouveau Réalisme«. Gegenüber ragen die Dachzacken des Ka-

1 Marillen: Das Markenzeichen der Wachau. **2** Sie werden zu Knödeln mit Erdbeer- und Vanillesauce verarbeitet. **3** Der Wein gedeiht in der Region sehr gut. **4** Zwei Kirchen dominieren das Stadtbild von Krems.

rikaturmuseums Krems vorwitzig in die Luft. Es wurde auf Initiative und nach Plänen des Architekten und Karikaturisten Gustav Peichl etabliert, der auch unter dem Namen »Ironimus« bekannt ist. Eine permanente Ausstellung seiner nur aus wenigen Strichen bestehenden, politischen Karikaturen findet sich hier ebenso wie Manfred Deix' malerische Darstellungen des Durchschnittsösterreichers, wie er ihn sieht: dick, gefräßig und dem Rechtspopulismus zugetan. Das Karikaturmuseum passt die Umgebung vor seinem Gebäude auch seinen Ausstellungen an: Als es 2007 das Werk von Carl Barks, dem wichtigsten Zeichner der Walt Disney Corporation zeigte, ließ es prompt an die Wand der gegenüberliegenden Strafanstalt ein Gefängnisfenster mit ausbrechenden Panzerknackern malen. Ob sich die Insassen wohl »gefrotzelt« (veralbert) fühlten?

Der nächste Halt auf der Wachaurundfahrt entlang der malerischen Donau ist Unterloiben. Hier befindet sich eines der besten Restaurants der Region: Der »Loibner Hof« mit seinem wunderschönen Garten wird schon seit 400 Jahren als Gaststätte genutzt. Besucher probieren hier bodenständige Gerichte wie Kutteln in Weißweinsoße und Freilandente mit Waldviertler Knödeln und Apfelrotkraut. Dazu kredenzt die Familie Knoll Weine vom eigenen Gut. Ihre Riesling- und Grüne-Veltliner-Trauben wachsen auf 14 Hektar Toplagen. Der

Kellerberg zählt zum Beispiel zu den besten Einzellagen der Welt. Emmerich Knoll folgt dem strengen »Codex Wachau« in der Selbstkontrolle seiner naturbelassenen Weine. Während die Knoll'sche Steinfeder ein sehr fruchtiger, leichter Wein ist, hat der Wein in der Kategorie Federspiel schon einen nuancenreicheren Charakter. Die Kategorie Smaragd wiederum bezeichnet die wertvollsten Weine mit höchster Traubenreife.

Von Unterloiben geht es weiter in das historische Städtchen Dürnstein. Dort ragt in der Ortsmitte markant der blau-weiße Turm des barocken Stifts Dürnstein auf. Das Wahrzeichen der Wachau wird auch »Fingerzeig Gottes« genannt. Am Berg thront eine Burgruine, in der einst der babenbergische Herzog Leopold V. (1157–1194) den englischen König Richard Löwenherz (1157–1199) gefangen hielt. Richard hatte den Herzog angeblich nicht an der Beute des 3. Kreuzzugs beteiligt. Am Eingang zur Stadt erinnert eine große Statue im romanischen Stil an den tapferen Kreuzritter, der hier im Jahr 1192 und 1193 festsaß und von seiner Mutter Eleonore mit 35 Kilogramm Silber freigekauft wurde. Sie musste dafür sogar die englischen Kronjuwelen verpfänden. Gemäß einer weiteren Sage soll Richards Sänger Blondel sein Verlies ausfindig gemacht haben, indem er von Stadt zu Stadt zog und immer das Lieblingslied

1 In Krems gibt es viele hübsche Bürgerhäuser. **2** Malerisch schmiegt sich der Weinbauort Weißenkirchen in die Hügellandschaft. **3** Zwei Drachenschlangen am ehemaligen kaiserlichen Mauthaus verschrecken Zollpreller. **4** Von Wien aus in einem Tag durchzuziehen: eine Schifffahrt in die Wachau. **5** Das Karikaturmuseum in Stein.

seines Königs anstimmte. Als er einmal Antwort erhielt, wusste er schließlich, wo sein Regent gefangen gehalten wurde.

Im Nachbarort Weißenkirchen erhebt sich die Wehrkirche Maria Himmelfahrt. Sie gilt als eine der bedeutendsten Kirchenfestungen in Niederösterreich, wurde um 1530 errichtet und bildet mit dem darunterliegenden Teisenhoferhof eine einheitliche Wehranlage. Dieser stammt bereits aus dem Jahr 1335. In seinem Hof wurden vor 700 Jahren Wettbewerbe im Armbrustschießen abgehalten. 1542 wurde der Sitz des heutigen Wachaumuseums im Stil der Renaissance umgebaut.

Auch das romantischste Schlosshotel der Wachau wurde zur Zeit der Renaissance gebaut. Der »Raffelsberger Hof« aus dem Jahr 1574 war ursprünglich ein Schiffsmeisterhaus und wurde 1771 erweitert. Die Eltern der heutigen Besitzerin Claudia Anton erwarben den Hof 1964 und investierten viel Zeit und Anstrengung, um die Bausubstanz weit-

gehend detailgetreu im Original zu erhalten. Besucher wandeln durch die blumengeschmückten Arkaden im ersten Stock. Ein grimmig dreinschauender Wasserspeier aus Stein spuckt das kühle Nass in einen mit grünem und goldenem Gitterwerk verzierten Brunnen. In den Wintermonaten spendet ein Kachelofen angenehme Wärme. Der persönliche Touch der Familie Anton ist auf Schritt und Tritt zu spüren. Die Besitzerin, die wie ein Top-Model aussieht, serviert den Gästen persönlich das Frühstück. »Das freut mich sehr«, sagt sie, wenn Gäste ihr bei der Abfahrt erzählen, wie sehr sie von ihrem Zimmer den Blick auf die Donau genossen haben. Auch der belgische König Albert II. kam mit seiner Frau Paola schon zweimal hierher auf Privaturlaub, um seine aristokratischen Freunde in der Region zu besuchen. Er bezog natürlich die Smaragd-Suite, die am geräumigsten und mit dem edelsten Mobiliar ausgestattet ist.

Von hier aus geht es weiter nach Spitz an der Donau, einem idyllischen Ort, in dem jedes Jahr der Marillenkirtag ganz besonders festlich begangen wird. Diese Wachauer Aprikosenart ist eine äußerst feine Obstsorte. Die saftig-süße Frucht wird roh gegessen oder zu Likör und Schnaps verarbeitet. Beim Kirtag stellen sich die Besucher reihenweise um die Marillenknödel an. Die Knödel aus leichtem Topfenteig werden mit Marillen gefüllt und in gerösteten Semmel-

bröseln und Puderzucker gerollt. Sie schmelzen im Mund. Wer im Sommer zur rechten Zeit in der Wachau unterwegs ist, der sieht Frauen in ihren runden Torbögen stehen und Marmelade verkaufen. Während sie in der Früh ihre Konfitüre einkochen, gehen ihre Männer fischen. In kleinen Hütten am Ufer grillen sie dann am Nachmittag ihre Forellen. »Steckerlfisch« heißt die Delikatesse, die am besten sofort verzehrt wird.

Weiter flussaufwärts, am anderen Ufer der Donau thront das Stift Melk auf einem Granitfelsen. Von Weitem sichtbar, kündet es vom Glanz und der Macht des Benediktinerordens, der hier schon seit 1089 schaltet und waltet. Der senfgelbe, von Jakob Prandtauer (1660–1726) im Stil des Barocks gestaltete Kirchenpalast umfasst 88 Prunkräume, die über einen 190 Meter langen Kaisergang erreicht werden. Hier befindet sich heute ein Museum mit wertvollen Kunstgegenständen, von denen ein Kreuz angeblich einen Holzspan vom Kreuze Jesu enthalten soll. Im rot-grauen Marmorsaal hat Paul Troger (1698–1762) Fresken über die göttliche Erleuchtung gemalt. Troger war ein Meister der Perspektive, deshalb wirkt der Raum viel höher, als er tatsächlich ist. Der Stolz des Stifts ist jedoch seine Bibliothek. Sie ist mit schweren Bücherschränken aus Espen-, Walnuss- und Eichenholz bestückt, in denen 1800 wertvolle Manu-

skripte Rücken an Rücken stehen. Melk spielte auch in Umberto Ecos Roman »Der Name der Rose« wegen seines Gelehrtentums eine große Rolle.

Fährt man mit dem Auto oder Zug von Melk wieder Richtung Wien, sticht ein weiterer Klosterprachtbau auf einem Hügel ins Auge. Das Benediktinerstift Göttweig wird aufgrund seiner Lage als »österreichisches Montecassino« bezeichnet. Das von Johann Lucas von Hildebrandt (1668–1745) entworfene Kloster mit blassrosa Anstrich enthält wie Melk ebenfalls einen kaiserlichen Trakt. Im Gegensatz zu Melk trug das Stift im Zweiten Weltkrieg und in der nachträglichen Besatzungszeit schwere Schäden davon und wurde in der Folge über Jahrzehnte restauriert. Heute bietet das Stift Einzelexerzitien an: Besucher können sich drei bis fünf Tage in Schweigemeditation zurückziehen und sich von den Patres spirituell unterstützen lassen.

Nun geht es wieder zurück nach Krems, zum Ausgangspunkt unserer Wachau-Tour. Von hier sollte man auf keinen Fall einen Ausflug ins

1 Auf einen Blick: Ruine und Stadtkern von Dürnstein. 2 Das mächtige Stift Melk zählt zu einem der schönsten Barockbauten Österreichs. 3 Der malerische Brunnen im Renaissancehotel »Raffelsberger Hof«. 4 Familie Grossinger hat ausgesteckt. 5 Ein Weingut in Unterloiben.

1 Nur das Burgfräulein fehlt im Renaissancehotel »Raffelsberger Hof«.
2 Der amerikanische Architekt Steven Holl kreierte das »Loisium Wein &
Spa Resort Hotel«. 3 Die »Loisium Weinwelt« führt Besucher durch eine
900 Jahre alte, unterirdische Kellerlandschaft. 4 Das »Loisium« ist ein
Erlebnis für alle Sinne.

Weinviertel, genauer in die zehn Kilometer entfernte Ortschaft Langenlois versäumen. Hier befindet sich das derzeitige Nonplusultra in Sachen innovativer Wein-Architektur. Die Wein-Erlebniswelt »Loisium« verbindet 900 Jahre alte, unterirdische Kellergassen mit einer modernen Struktur, wie sie die Gegend noch nicht gesehen hat. Der amerikanische Architekt Steven Holl entwarf 2003 einen Aluminiumkubus, der sich fünf Grad gegen Süden neigt. Betritt man ihn, erfährt man in einer fantasievollen Licht-Ton-Schau, welchen Weg die Traube auf sich nimmt, bis sie in veredelter Form in die Flasche kommt. Der Rundgang führt auch in den alten »Loiskandl-Hof« mit einer alten Küche und Schusterwerkstatt. Eine großräumige, herrliche Vinothek präsentiert die besten Weine aus der Gegend.
Wer Lust bekommt, die Weine über ein paar Tage zu verkosten, sollte im »Loisium Wein & Spa Resort« einchecken. Da die Hotelzimmer auf einem Glastrakt aufsitzen, scheint das Gebäude über der Erde zu schweben. In seiner Gitterhaut sind manchmal größere, manchmal kleinere Löcher zu sehen. Sie steigen auf wie Perlen in einem Sektglas. Die Lüster in der Lounge sehen aus wie Beeren auf einer großen Traube. Von den gartenseitig gelegenen Zimmern überblickt man den Hof und den langen, beheizten Swimmingpool. Relaxen *par excellence* ist jedoch im Spa angesagt. Die Nassräume mit Sauna und Dampfbad sind mit blassgrünen Fliesen ausgekleidet, die an unreife Trauben erinnern. Für die Massagen verwenden die Therapeutinnen Aveda-Produkte mit Weinessenzen – wie es sich in einem solchen Themenhotel auch gehört!
Auch für das leibliche Wohl sorgt das »Loisium Hotel« vorbildlich. Beim Frühstückbuffet türmen sich Büffelmozzarella und Beinschinken, alles vom Biobauern. Im Wellness-Center stehen gesunde Snacks wie Obst, Nüsse und getrocknete Früchte sowie Kräutertees immer in Reichweite. Den Vogel schießt jedoch die Jause ab, die für Hausgäste gratis ist. Köstliche Aufstriche und Strudel sowie ein Probegläschen Sekt oder Roséwein werden da serviert. Wer dann noch hungrig ist, kann sich im eleganten Restaurant abends durch die Speisekarte kosten. Exzellente Weine und kulinarische Genüsse, ein Ausblick in die idyllische Natur – was kann man von einem Urlaub noch mehr verlangen.

Zeit für die Wachau

Sehen und Erleben

Krems. Über 1000 Jahre alte Stadt mit Kulturmeile in der benachbarten Ortschaft Stein, darunter:

Kunsthalle Krems, Franz-Zeller-Platz 3, Tel. 02732-82676, www.kunsthalle.at. Großes Museum mit ständig wechselnden Ausstellungen.

Karikaturmuseum Krems, Steiner Landstraße 3a, Tel. 02732-908020-177, www.karikaturmuseum.at. Wechselausstellungen über Karikaturen. Ständige Räume mit den Werken von Manfred Deix und Gustav Peichl (»Ironimus«).

Stift Melk, Abt-Berthod-Dietmayr-Str.1, Melk, Tel. 02752-5550, www.stiftmelk.at. Barocker Klosterpalast von Jakob Prandtauer. Museum mit wertvollen Kunstschätzen.

Stift Göttweig, Tel. 02732-85581, www.stiftgoettweig.at. Wie ein barockes Schloss thront dieses Kloster auf einem Hügel. Museum. Tourismusangebote für Meditationsurlaub.

Übernachten

Renaissancehotel Raffelsberger Hof**, Weißenkirchen, Tel. 0-2715-220-1, Fax 0-2715-220-127, www.raffelsbergerhof.at.** Romantisches Hotel mit Blick auf die Donau. Sanarium, Wein-Lounge.

Loisium Wein & Spa Resort***, Loisium Allee 2, Langenlois, Tel. 0-2734-77100200, Fax 0-2734-77100-100, www.loisiumhotel.at.** Österreichs bestes Weinhotel. Steven Holls moderne Architektur interpretiert das Thema Wein auf innovative Weise. Herrliches Spa und geheiztes Freibad. Sehr gute Gratis-Jause für Hotelgäste und gesunde, wohlschmeckende Snacks im Spa. Das exzellente Restaurant stellt Weine aus der Region in den Vordergrund.

Essen und Trinken

Loibner Hof, Unterloiben 7, Tel. 0-2732-828900. 400 Jahre altes Gasthaus mit schönem Garten, lauschigen Arkaden. Alle Weine werden auf dem Gut der Familie Knoll erzeugt.

Verkehrsmittel

Mit dem Zug: Stündliche ÖBB-Züge nach Krems und Melk. Mit dem Auto: Von Wien über die A22 Abfahrt Stockerau und S5 Richtung Krems. Mit dem Schiff: Von der Wiener Reichsbrücke mit der DDSG Blue Danube, www.ddsg-blue-danube.at. Nach Langenlois: Stündliche ÖBB-Züge vom Franz-Josefs-Bahnhof über Hadersdorf nach Langenlois.

Tipp der Autorin

Loisium, Loisium Allee 1, Langenlois, Tel. 0-2734-322400, www.loisium.at. 900 Jahre altes Labyrinth von allen Weinkellern. Danach Heuriger der Familie Bründlmayer (Walterstraße 14, Tel. 0-2734-21720).

Sommerfrische für die Seele
Der Semmering – Arthur Schnitzlers Zauberberg

Ein Hauch von Fin-de-siècle umweht die Luftkurorte im Süden von Wien. Und das bis auf 2000 Meter Höhe! Wie vor hundert Jahren strömen auch heute noch Wanderer und Skifahrer in die Region.

»Die Seele ist ein weites Land«, schrieb Arthur Schnitzler (1862–1931) in einem seiner bekanntesten Theaterstücke. Wenn der wichtigste Vertreter der Wiener Moderne seine Seele baumeln lassen wollte, dann fuhr er in eine Gegend, in der er weit ins Land blicken konnte. Die gute, klare Luft auf den Anhöhen und Gipfeln des Semmerings, der Rax und des Schneebergs beflügelte seine Fantasie. Die voralpine Gegend außerhalb von Wien war zur Wende vom 19. zum 20. Jahrhundert ein beliebter Treffpunkt der Wiener Hautevolee. Mitglieder der Hocharistokratie mischten sich in Orten wie Reichenau und Payerbach unter Großindustrielle und Künstler. Der spätere Kaiser Karl I. lernte auf der Panhans-Wiese am Semmering 1908 das Skifahren. 1911 heiratete er im Schloss Steinhaus im Bezirk Neunkirchen Zita von Bourbon-Parma. Die Sommer verbrachte das hoheitliche Paar in der Villa Wartholz in Reichenau, wo auch ihr Sohn Otto geboren wurde. Die Bankiersfamilie Rothschild ließ in dem Ort ebenfalls ein Schlösschen errichten, das sich harmonisch in die Renaissance-Paläste der Loire einfügen würde.

Ermöglicht wurde dieser erste Nobeltourismus durch den Bau der Semmering-Bahn. Carl Ritter von Ghega (1802–1860) plante die erste normalspurige Gebirgsbahn Europas, ein Meilenstein in der Eisenbahngeschichte. Sie nahm 1854 ihren Betrieb auf und verband das letzte unerschlossene Teilstück zwischen Wien und Italien. Für damalige Bahnreisende war die Fahrt entlang steiler Felswände, über schwindelerregende Viadukte und durch lange Tunnels ein großes Erlebnis. Auch heute kann man noch wie anno dazumal reisen. Der Nostalgie-Dampfzug mit der großen schwarzen Lokomotive zuckelt von Puchberg Russ schnaubend durch die Landschaft und erklimmt von Juli bis September das mächtige Massiv des Schneebergs.

Von Wien aus erreicht man die Region Rax-Schneeberg-Semmering mit der Schnellbahn oder einer Lokalbahn. Nach der eineinhalbstündigen Fahrt gelangt man in eine beschauliche Welt, in der Urlaub wirklich noch Sommer*frische* bedeutet.

Von der Station Payerbach führt ein 15-minütiger Spaziergang nach Reichenau, dem österreichischen St. Moritz der Jahrhundertwende.

1 Über diesen gigantischen Viadukt fährt die Semmering-Bahn. 2 Im Nostalgie-Dampfzug erkunden Besucher die Gegend. 3 Eine typische Jugendstilvilla am Berghang. 4 Im stillgelegten »Hotel Südbahn« urlaubte einst die Aristokratie.

Besucher passieren hier über 100 Jahre alte Villen im typischen historischen Landhausstil. Ihre Fassaden sind mit Holz vertäfelt, und kunstvoll geschnitzte Loggien geben Ausblick in die Natur, schützen jedoch von der zum Teil rauen Bergluft. Weiter geht es unter einem riesigen Viadukt hindurch, der sowohl als Hochquellwasserleitung als auch als Bahntrasse genutzt wird. Über die Fischer- und die Kurparkpromenade wandert man die Schwarza entlang, jenen Fluss, der dramatisch das hinter dem Ort gelegene Höllental in die Berge geschnitten hat.

Linker Hand steht das Festspielhaus Reichenau, das von außen zwar schlicht aussieht, in dem jedoch im Sommer exzellentes Theater präsentiert wird. Ensemblemitglieder des Wiener Burgtheaters bringen hier Werke von Schriftstellern der Wiener Moderne zur Aufführung: Arthur Schnitzlers *Reigen* sorgt hier für ausverkaufte Häuser, wenn auch für weniger Skandale als zu Lebzeiten des Schriftstellers. Urlauber mieten sich oft auf ein paar Tage in den Hotels in der Gegend ein, um sich alle vier oder fünf Stücke ansehen zu können, denn an Karten heranzukommen, ist oft schwer.

In dem etwas außerhalb von Reichenau gelegenen Thalhof, der ersten Kaltwasserheilanstalt der Monarchie, wohnte Arthur Schnitzler einst selbst. Sein verliebter Briefwechsel mit der Wirtin Olga Waiss-

nix ist in die Literaturgeschichte eingegangen. Hier werden heute ebenfalls im Sommer seine Werke sowie Stücke und Bühnenadaptierungen von Romanen Thomas Bernhards aufgeführt.

Arthur Schnitzler zog im Kurpark Reichenau seine Runden, um seine Leidenschaft abzukühlen. Und so sitzt er heute noch hier auf einer Parkbank, wenn auch nur in steinerner Form. Seine Schriftstellerkollegen Felix Salten und Bertha von Suttner wurden in der gleichen Weise verewigt. Der Teich in der Mitte des Parks ist nach dem melancholischen Dichter Nikolaus Lenau (1802–1850) benannt. In dem hölzernen Pavillon finden im Sommer Kurkonzerte statt, und Hochzeitspaare beten monatelang darum, dass es nicht regnen möge, wenn sie sich dort im Juli das Jawort geben.

Geht man vom Kurpark die Schwarza entlang, gelangt man zur Haltestelle der Höllentalbahn, einer schmalspurigen elektrischen Lokalbahn, deren Lokomotive wegen ihrer kastenartigen Form auch »fahrendes Gartenhaus« genannt wird. Die Bahn bringt Besucher im Sommer fünf Kilometer weiter nach Hirschwang, in die Nähe der Talstation der 1926 eröffneten Raxseilbahn, der ersten Seilschwebebahn Österreichs. Besucher werden hier innerhalb von zehn Minuten auf 1547 Meter Höhe gebracht. Auf der Rax führt ein einfacher Weg zum Otto-Haus, bei dem sich die Bergwelt in all ihrer

1 Die Schwarza hat das Höllental in die Berglandschaft geschnitzt.
2 Ein Wander- und Skiparadies: mächtige Bergkuppen und bis zu 2000 Meter hohe Gipfel. 3 Der romantische Lenau-Teich im Kurpark Reichenau. 4 Regenbogen im Park. 5 Das Café in der Schlossgärtnerei Wartholz erinnert an die Jahrhundertwende.

Herrlichkeit offenbart. Auch Wanderungen zu anderen Hütten sind von hier aus möglich, wenn auch nur mit festem Schuhwerk.

Von Payerbach-Reichenau fährt ein Zug auf den Semmering. Der einstmals mondäne Wintersportort schaut heute eher verschlafen aus. Das Hotel Panhans aus der k. u. k.-Zeit ist noch immer in Betrieb und hat ein abwechslungsreiches Wellness-Programm, kann aber an seine früheren Glanzzeiten nicht mehr anschließen. In den letzten Jahren wurden Bemühungen gestartet, den Semmering wiederzubeleben. Neuerdings werden am Hirschenkogel wieder Ski-Weltcuprennen ausgetragen.

Künstler wählen die wild-romantische Gegend nach wie vor gern als ihren Lebensmittelpunkt. Das Bildhauerehepaar Charlotte und Johannes Seidl etwa erbte 1989 das Gut Gasteil in der Ortschaft Prigglitz bei Gloggnitz. Dort starteten sie das Projekt »Kunst in der Landschaft«. Jeden Sommer stellen sie ihre Skulpturen – monu-

1 Künstlerin Andrea Trabitsch fertigt ihre Batikmalereien in der ländlichen Idylle. 2 Wanderer warten auf die historische Schneebergbahn, um näher zum 2076 Meter hohen Gipfel zu kommen. 3 Liedermacher Richard Weihs mit seiner Sammlung von Saiteninstrumenten.

mentale Frauenfiguren aus Feinsteinzeug oder Edelstahlflügel, die sich im Wind drehen – in den Wiesen rund um ihr Gut aus. Sie laden auch andere Künstler ein, mit ihren dreidimensionalen Objekten Bezug auf die Landschaft und die Gemeinde zu nehmen. Zu den Öffnungszeiten an Wochenenden von Mai bis Dezember servieren sie auch regionale Bio-Bauernschmankerln in ihrer Gaststube.

Die Künstlerin Andrea Trabitsch nennt die Ortschaft Prigglitz ebenfalls seit 20 Jahren ihr Zuhause. Gemeinsam mit ihrem Partner Klaus Trabitsch, einem von Österreichs besten Gitarristen und World-Music-Komponisten, findet sie Inspiration in der bergigen Landschaft. Als wahrscheinlich einzige Künstlerin in Österreich batikt sie ihre Zeichnungen auf hauchdünnes Reispapier. Ganz besonders interessieren sie Spiegelungen – in Fenstern von Wolkenkratzern und im karibischen Ozean – sowie die verschiedenen Schattierungen von Weiß im von der Sonne beschienenen Schnee auf der Rax. Geschickt trägt sie mit einem kleinen Metallgefäß flüssiges Wachs in millimeterbreiten Strichen aufs Papier auf, um all jene Stellen abzudecken, die in einen bestimmten Färbevorgang nicht einbezogen werden. Obwohl der Prozess sehr kompliziert ist, kreiert sie zum Beispiel Porträts von großer psychologischer Tiefe.

Der Dialektdichter und Liedermacher Richard Weihs hat am Semmering ebenfalls ein Heim gefunden. Er kehrte in den Höhenluftkurort Breitenstein zurück, wo seine Großtante Henriette in der Zwischenkriegszeit eine Kuranstalt für Lungenkranke betrieben hatte. Viele Mitglieder der Familie Weihs wurden jedoch aus Österreich vertrieben, und so brauchte Richard Jahre, um den Nachlass zu schlichten. Weihs konnte letzten Endes zwar das Anwesen ersteigern, doch das Sanatorium war verfallen und musste abgerissen werden. Nach jahrelangen Renovierungsarbeiten bewohnt er jetzt wieder die Ärztevilla. Hier lebt er mit seiner Saiteninstrumente-Sammlung in Zimmern voller Antiquitäten, die er über Jahre auf diversen Flohmärkten angekauft hat. Wenn ihm der Sinn nach etwas Feinem steht, geht er über den Kreuzberg ins »Looshaus« und bestellt zum Beispiel Forelle mit Butterkartoffeln und danach Topfenstrudel. Im minimalistischen Gastzimmer, das von Adolf Loos selbst gestaltet wurde, blickt er durch das Panoramafenster auf die Landschaft – und lässt die Seele baumeln.

Zeit für den Semmering

Sehen und Erleben

Raxseilbahn, Hirschwang 86, Tel. 02666-52429, www.raxalpe.com. In acht Minuten auf 1500 Meter Höhe, im Sommer zum Wandern, im Winter zum Skifahren.

Semmering-Hirschenkogel Bergbahnen, Zauberberg 1, Tel. 02664-8038, www.zauberberg.at. Der Semmering versucht, an sein Fin-de-Siècle-Erbe anzuschließen – mit Wandern, Skilaufen, Weltcuprennen.

Höllentalbahn, www.lokalbahnen.at/hoellentalbahn. Elektrische Schmalspurbahn, von Juni bis Oktober vom Bahnhof Payerbach über das Kurhaus nach Hirschwang und zur Raxseilbahn.

Schneebergbahn, Puchberg 1a, Schneeberg, Tel. 02636-366120, www.schneebergbahn.at. Schmalspur-Zahnradbahn mit Dampflok auf den Schneeberg. Juli bis September an Sonn- und Feiertagen.

Gut Gasteil/Kunst in der Landschaft, Gasteil 1, Prigglitz, Tel. 02662-45633, www.gutgasteil.at. Skulpturausstellung in der Landschaft von Mai bis September, Samstag, Sonntag, Feiertage.

Festspiele Reichenau, Hauptstraße 28, Reichenau, Tel. 02666-52528, www.festspiele-reichenau.com. Exzellente Produktionen von Stücken von Autoren wie Arthur Schnitzler. Eintrittskarten heiß begehrt. Bestellungen ab 1. März.

Andrea Trabitsch, Batikkünstlerin, www.andrea-trabitsch.at.

Klaus Trabitsch, Gitarrist und World-Music-Komponist, www.klaus-trabitsch.at.

Richard Weihs, Dialektdichter und Liedermacher, http://members.aon.at/richard.weihs.

Übernachten

Looshaus**, Kreuzberg 60, Payerbach, Tel. 0-2666-52911, Fax 0-2666-220-127, www.looshaus.at.** Unter den Zimmern des minimalistischen Chalets ist das des Ehepaars Khuners noch am originalgetreusten. Herrliches 1920er-Jahre-Flair. Vorzügliches Restaurant, toller Blick.

Verkehrsmittel

Mit der Schnellbahn oder Lokalbahn auf der Südstrecke über Wiener Neustadt nach Payerbach-Reichenau, Semmering, Puchberg a. Schneeberg. Nach Prigglitz über Wiener Neustadt nach Gloggnitz, dann Postbus.

Tipp der Autorin

Café in der Schlossgärtnerei Wartholz, Hauptstraße 113, Reichenau, Tel. 0-2666-522 89, www.schlosswartholz.at

Kirsch-Trüffel

Mandel-Nougat

Te...

Blätterkrokant

Ingwer-Marzipan

Oberlaa Konfekt 10g
€ 0,50

Weichkrokant

Haselnuss-Zimt

Amaretto

Wer die Wahl hat, hat die Qual: Soll es heute eine
Champagner-Trüffel oder ein Cointreau-Caramel sein?

Anreise

Die 2009 von der Lufthansa übernommene Fluglinie Austrian Airlines verfügt über ein weit verzweigtes Streckennetz in den deutschsprachigen Raum und verbindet Städte wie Berlin, Frankfurt, München, Düsseldorf, Bonn, Stuttgart, Leipzig, Dresden, Zürich und Genf mit Wien. Wer den Newsletter auf www.austrian.com abonniert, erhält Angebote für »red tickets«, mit denen es sich günstig nach Wien reisen lässt.

Festivals in Wien

Kaum eine Woche verstreicht, in der in Wien nicht ein Festival über die Bühne geht. Hier die Highlights:

Wiener Festwochen

Riesiges Kulturfestival auf höchstem künstlerischem Niveau, das jedes Jahr fünf Wochen lang im Mai und Juni stattfindet. Eröffnung auf dem Rathausplatz gratis. Internationale Produktionen: Oper, Konzert, Theater, Performances, Installationen, Lesungen, Filme. www.festwochen.at

Donauinselfest

Größtes Freiluftspektakel Europas auf 6,5 Kilometern der Donauinsel Ende Juni. 10 Bühnen. Verschiedene Musikrichtungen, von Austro-Pop bis Country, von Rock bis Umtata. www.donauinselfest.at

Jazz Fest

International besetztes Jazzfestival von Ende Juni bis Mitte Juli. Aufführungsorte: Museumsquartier, Rathaus, Fernwärme Open Air und Staatsoper. www.viennajazz.org

ImPulsTanz

Größtes europäisches Festival für zeitgenössischen Tanz im Juli und August. Vorstellungen im Museumsquartier und im Burgtheater. Workshops auch für Amateure. www.impulstanz.com

O-Töne Literaturfestival

Zeitgenössische österreichische Literatur im Museumsquartier im Juli und August. www.mqw.at/sommer

Viennale

14-tägiges Filmfestival im Oktober mit internationalem Staraufgebot. Retrospektiven in Zusammenarbeit mit dem Österreichischen Filmmuseum. www.viennale.at

1 Beim Donauinselfest geben Sänger und Tänzer ihr Bestes. **2** Künstler Leopold Schuster erklärt Besuchern seiner Ausstellung sein Werk. **3** Auch Freunde des Balletts fühlen sich in Wien zu Hause.

wien modern

Festival für Musik der Gegenwart im November, gegründet von Claudio Abbado. Findet in großen, traditionsreichen Konzertsälen und Theatern statt und beinhaltet auch Performances, bildende Kunst, Film und Video. www.wienmodern.at

wean hean

Wienerlied-Festival im Frühjahr, unterstützt vom Wiener Volksliedwerk. Traditionelle Schrammelmusik und Fusionprojekte von Wienerlied und Jazz. Originelle Veranstaltungsorte wie das Vereinslokal der Wiener SPÖ in Favoriten und das Technische Museum. www.weanhean.at

Kammermusikfestival Schloss Laudon

Geheimtipp unter Kennern klassischer Musik. Findet in einem verwunschenen Barockpalais mit herrlichen Fresken am Rande von Wien statt. Klassische Musik sowie Musik von Künstlern, die aus Österreich vertrieben bzw. im Zweiten Weltkrieg ermordet wurden. www.schlosslaudonfestival.at

Afrikatage

Von Ende Juli bis Mitte August treffen sich Künstler und Gastronomen von Kairo bis zum Kap auf der Donauinsel. www.afrika-tage.at

1

Philharmoniker-Ball, Musikverein

Musiker auf dem Tanzparkett. Frackpflicht. Im wunderschönen Goldenen Saal des Musikvereins gelingt die Linksdrehung besonders gut!

Opernball, Staatsoper

Die edelste und teuerste Veranstaltung der Ballsaison. Mit Ehrengästen aus aller Welt.

Concordia Ball, Rathaus

Der P.E.N.-Club veranstaltet im Juni einen der schönsten Sommerbälle des Jahres. Der große Festsaal des Wiener Rathauses eignet sich hervorragend zum Tanzen. Musik vom Wiener Opernballorchester.

Life Ball, Rathaus

Ball zugunsten der AIDS-Hilfe mit allerlei schillernden Persönlichkeiten in ausgefallenen Kostümen.
Internet-Adresse für alle Bälle: wien.ballguide.at

Salam Orient

Musik, Tanz und Poesie aus orientalischen Kulturen im Oktober und November. Crossover-Projekte zwischen West und Ost, traditioneller und zeitgenössischer Kunst. www.salam-orient.at

KlezMORE Festival

Traditionelle Klezmer-Musik und zeitgenössische Interpretationen im November. Rahmenprogramm mit Kabarett, Filmen, Vorträgen. www.klezmore-vienna.at

ORF-Lange Nacht der Museen

An einem Tag Anfang Oktober sind Museen in Wien bis 1 Uhr früh geöffnet. www.langenacht1.orf.at

Ballsaison in Wien

In keiner anderen Stadt der Welt werden Bälle in historischen Räumlichkeiten so begeistert zelebriert wie in Wien – verständlich, wurde doch der Walzer während des Wiener Kongresses erfunden. Die Ballsaison beschränkt sich nicht nur auf den Fasching. Auch im Sommer tanzen Besucher von nah und fern in Schlössern und Palais.

Kaiserball, Hofburg, 31.12.

Was könnte besser sein, als das neue Jahr in den Prunkräumen der kaiserlichen Residenz zu begrüßen?

Zuckerbäckerball, Hofburg

Die süßeste Nacht der Ballsaison! Schwungvolle Musik sowie 3000 Torten zu gewinnen. Die Ballprinzessin wird in Bonbons aufgewogen.

Rudolfina-Redoute, Hofburg

Ein Maskenball wie zu Kaisers Zeiten. Hoher Flirtfaktor!

3

Wein

Auf den Seiten 150–153 dieses Buches wurden vor allem die Heurigen in Neustift, Grinzing und um den Kahlenberg vorgestellt. Aber auch im Norden und im Süden der Stadt, genauer in Stammersdorf, Hagenbrunn, Jedlersdorf, am Bisamberg, an der Brünner Straße sowie in Mauer und Oberlaa, befinden sich hervorragende Buschenschanken. Einige Spitzenwinzer der Stadt – Fritz Wieninger, Rainer Christ, Michael Edlmoser, Richard Zahel sowie das Weingut Wien Cobenzl – haben sich zur Gruppe »WienWein« zusammengeschlossen. Den Winzern gemeinsam sind ihr bedingungsloses Interesse an Qualität und ihr Engagement für den Wein. Als Verein wollen sie neue Qualitätsstandards für den Wiener Wein erarbeiten und ihn auf nationaler wie

1

auch auf internationaler Ebene bekannt machen. Der Gruppe liegt die Wiederbelebung des klassischen Wiener Gemischten Satzes besonders am Herzen. Diese Wiener Mischung entstand, als Edelrebsorten wie Riesling, Rotgipfler, Weißburgunder und Traminer im 19. Jahrhundert in Weingärten gemischt ausgepflanzt wurden. Daraus ergaben sich vielschichtige und komplexe Weine, die viele Geschmacksnoten in sich bergen, von nussig bis erdig, von blumig bis beerig. Weinbauern konnten sich ihres Ertrags auch relativ sicher sein: Da die Sorten zu verschiedenen Zeiten blühen, fiel die Ernte bei widrigen Wetterumständen nie völlig aus. Nachdem dieser »Gemischte Satz« sehr lange ein Schattendasein als einfacher Schankwein fristete, erlebt er nun wieder eine Renaissance. Er kann sowohl süffigleicht wie auch kraftvoll und komplex sein.

Die Top-Winzer von WienWein

Weingut Wieninger, Stammersdorfer Straße 78, 1210 Wien-Stammersdorf, Tel. 01-2924106, www.wieninger.at. Fritz Wieninger restaurierte einen alten Klosterkeller und kombinierte ihn mit einem modernen Arbeitstrakt. Preisgekrönte Weine!
Weingut Christ, Amtsstraße 12–14, 1210 Wien-Jedlersdorf, Tel. 01-2925152, www.weingut-christ.at. Modernes Weingut und ein engagiert geführter Heuriger mit 400-jähriger Tradition. Mit viel Stein, Sichtbeton, Glas und Holz wurde hier ein Kellerneubau geschaffen, der allen Anforderungen der heutigen Weinbereitung entspricht. Zusätzlich wurde ein neuer, schlichter, aber doch gemütlicher Heurigenbereich gebaut, der einen reizvollen Kontrast zum bestehenden, traditionellen Heurigen darstellt.

1 Heurigenbesucher in Spitz, dem ältesten Weinbauort der Wachau.
2 Ein Winzer bei der Lese. 3 Hauchdünn muss das Wiener Schnitzel sein. 4 Das Café Drechsler auf der Linken Wienzeile wurde von Terrance Conran gestaltet.

Weingut Edlmoser, Maurer Lange Gasse 123, 1230 Wien, Tel. 01-8898680. www.edlmoser.at. »Cult«-Weine, deren Flaschenetiketten von namhaften Wiener Künstlern und Künstlerinnen gestaltet wurden. Für Ausstecktzeiten anrufen.
Weingut Zahel, Maurer Hauptplatz 9, 1230 Wien, Tel. 01-889 13 18, www.zahel.at. Heurigengasträume in einem 250 Jahre alten Bauernhaus. Großer Gastgarten. In der kalten Jahreszeit tragen Kachelöfen zur heimeligen Atmosphäre bei. Der Winzer hat sich ein ehrgeiziges Ziel gesetzt: den Wiener Wein mit seinen unterschiedlichen Böden und seiner Geschmacksvielfalt der ganzen Welt zugänglich zu machen.
Hengl-Haselbrunner, Iglaseegasse 10, 1190 Wien, Tel. 0-1-3203330, www.hengl-haselbrunner.at. Interessante Weiß- und Rotweine – exzellente Küche.
Kierlinger, Kahlenbergerstraße 20, 1190 Wien-Nussdorf, Tel. 0-1-3702264. Traditioneller Heuriger in historischem Ambiente – der Liptauer-Aufstrich gilt als einer der besten von Wien.
Mayer am Pfarrplatz, Pfarrplatz, 1190 Wien-Heiligenstadt, Tel. 0-1-3703361, www.pfarrplatz.at. Nobelheuriger, in dem man auch von der Speisekarte bestellen kann. Hier trank schon Beethoven – ein »Muss« für jeden Wien-Besucher. Tipp: der sagenhafte Altwein-Keller.
Göbel, Stammersdorfer Kellergasse 151, 1210 Wien-Stammersdorf, Tel. 0-1-2948420. Modernes Ambiente in der einzigen Kellergasse von Wien. Die Rotweine sind Extraklasse.

2

Schilling, Langenzersdorfer Str. 54, 1210 Wien-Strebers-
dorf, Tel. 0-1-29 24 189, www.weingut-schilling.at. Pionier
zeitgemäßer Weinkultur beim Heurigen. Tipp: die hausgemachten
Brat-, Blut- und Leberwürste.
Winzerhof Leopold, Stammersdorfer Straße 18, 1210 Wien-
Stammersdorf, Tel. 0-1-29 21 356, www.winzerhof-leo-
pold.at. Gemütliches Ambiente mit viel hellem Holz, tollem Buffet
und immer wieder Landessieger im Keller. Vor allem die Roten
sind eine Empfehlung.
Wiltschko, Wittgensteinstraße 143, 1230 Wien-Mauer,
Tel. 0-1-888 55 60, www.weinbau-wiltschko.at. Die Wein-
lounge in den Weingärten – ein Heuriger der neuen Art mit leichter Küche und feinen Weinen.
Über Wien verteilt sind auch »Wein & Co.«-Vinotheken,
www.weinundco.at, in denen man heimische sowie internationale Tropfen verkosten kann.

Wiener Küche

Paprika und Kümmel, Majoran, Dill und Petersilie – mit diesen
Gewürzen und Kräutern wuchsen Wiener im 20. Jahrhundert auf.
Damit lässt sich auch schon einiges anfangen, würzen sie doch
Gulasch, Schweinsbraten, Reisfleisch, Fisolen (grüne Bohnen)
und Eierschwammerln (Pfifferlinge). Seit den frühen 1990er-Jah-
ren hat sich der Geschmackshorizont der Wiener jedoch erweitert, und Basilikum und Ingwer fühlen sich gar nicht mehr unge-
wohnt am Gaumen an. Gute Gastronomen lassen heute exotische
Akzente in die Wiener Küche einfließen. Andere wiederum bleiben
bodenständig, obwohl in die Wiener Küche Kochgewohnheiten aus
den Ländern der Habsburgermonarchie einflossen.
Wer in Wien auf Besuch ist, sollte auf jeden Fall folgende Gerichte
probieren: Zur Vorspeise eine Frittatensuppe aus kräftiger Rinds-
brühe mit fein geschnittenen Palatschinken (Pfannkuchen) oder
eine Grießnockerlsuppe. Zur Hauptspeise ein Wiener Schnitzel
aus breit geklopftem Schweinefleisch mit einer hauchdünn-
knusprigen Panade. Auch ein Tafelspitz mit Krensoße oder Kraut-

fleckerl wären zu empfehlen. Zur Nachspeise hat man die Qual
der Wahl: Kaiserschmarrn mit Zwetschgenröster, Marillenknödel
oder Buchteln mit Vanillesoße.
Folgende Lokale bereiten die Wiener Küche klassisch und mit
einem gewissen Pfiff zu:
Figlmüller, Wollzeile 5 (U1, U3: Stephansplatz),
Tel. 0-1-512 61 77. Angeblich das beste Schnitzel von Wien in
charmanter, alter Einkaufspassage.
Oswald & Kalb, Bäckerstraße 14 (U1, U3: Stephansplatz),
Tel. 0-1-512 13 71. Der Prototyp eines Wiener Beisls in einem
alten Gewölbe. Auf Innereien spezialisiert: Blunze (Blutwurst),
Leber, Zunge, Hirn. Künstler und Literaten treffen sich hier.
Zwölf-Apostelkeller, Sonnenfelsgasse 3 (U1, U3: Stephansplatz), Tel. 0-1-512 67 77. Über eine steile Stiege gelangt man
in drei Kellergeschosse eines Hauses, das bereits 1339 zum ersten Mal erwähnt wurde. Günstige Tagessteller zum Mittagessen.
Stadtgasthaus Eisvogel, Riesenradplatz 5 (U1, U2: Praterstern), Tel. 0-1-908 11 87. Ein Nachfahre des historischen Pra-
terrestaurants aus dem Jahr 1805. Hier wirkt Herbert Schmid,
einer von Österreichs besten Käsesommeliers. Erlesene Gerichte
wie gebratene Entenbrust auf Serviettenknödel, Weiß- und Rot-
kraut mit Zimtkarotte und Bratapfelpüree.
Salmbräu, Rennweg 8 (71: Schwarzenbergplatz),
Tel. 0-1-799 59 92. Brauerei und Gaststätte im Salesianerkloster
beim Unteren Schloss Belvedere. Braut fünf verschiedene Biersor-
ten und betreibt eigene Whiskydestillerie. Hirschschinken und
Surstelzen.
Gasthaus Ubl, Preßgasse 26 (U4: Kettenbrückengasse),
Tel. 0-1-587 64 37. Mutter und Tochter verwöhnen mit gutbür-
gerlicher Küche in einem traditionellen Gasthaus mit uralter Einrichtung. Netter Schanigarten.
Zum Alten Fassl, Ziegelofengasse 37 (U4: Pilgramgasse),
Tel. 0-1-544 42 98. Schönes altes Gasthaus mit wunderschönem
begrüntem Innenhof. Spezialitäten: Rehragout, geselchte Rinds-
zunge.

Siebenstern, Siebensterngasse 19 (U3: Stiftgasse),
Tel. 0-1-52386 97. Hier wird ebenfalls gebraut. Nur bester Hopfen, bestes Malz und erstklassiges Wiener Trinkwasser kommen ins Bier, keine Konservierungsmittel.
Schnattl, Lange Gasse 40 (U2: Rathaus), Tel. 0-1-405 34 00.
Eher nüchternes Ambiente in Gewölberaum. Innovative Gerichte wie geflämmte Jakobsmuschel auf Kürbispüree und Kalbsnuss mit Steinpilz-Gröstl.
Restaurant Gelbmann, Wilhelminenstraße 62,
Tel. 0-1-486 15 99. Klassisches Wiener Beisl im 16. Bezirk. Schattiger Gastgarten mit großem Kastanienbaum. Highlight: Zwiebelrostbraten.
Zum Herkner, Dornbacher Straße 123, Tel. 0-1-485 43 86.
Legendäres, original erhaltenes Vorstadtrestaurant im 17. Bezirk. Kleine, feine Speisekarte. Lokalbesuch kann mit Wanderung im Wienerwald verbunden werden.

Gay Vienna

Autor: Götz Lachmann

Die schwule Gastronomie in Wien ist ein bisschen wie die gesamte Metropole. Es gibt Lokale, die sich hinter dem Hinweis auf Tradition und Geschichte verstecken und sich seit Jahrzehnten jeder Modernisierung verweigern. Das betrifft in diesen Lokalen natürlich nie die Preisentwicklung, die geht seit Jahren deutlich nach oben. In Wien wird Schwulen und Lesben in puncto Gastlichkeit ja heute wirklich etwas geboten. Die Stadt hat sich seit den frühen 1980er-Jahren geöffnet. Aus einer Großstadt mit viel Altem und ein »bisserl« Verkommenem wurde innerhalb von 20 Jahren eine pulsierende und in jeder Hinsicht aufregende Kapitale. Und die zunehmende Integration der Gays in die Gesellschaft spielt dabei ihre eigene Rolle. Denn sie bedeutet, dass immer weniger Schwule und Lesben Wert auf Abkapselung legen. Ein schwullesbisches Clubbing wird längst auch mit Begeisterung von den Wiener Heteros besucht, und über ein sich küssendes oder umarmendes Männerpärchen regt sich längst keiner mehr auf.
Am bekanntesten sicher das Café Savoy an der linken Wienzeile Höhe Kettenbrückengasse, also direkt am Naschmarkt. Jahrzehntelang durch morbiden Charme berühmt, wurde mehr als ein Jahr bei laufendem Betrieb saniert, und heute präsentiert sich ein wunderbares Café, das von morgens um 8 bis spät in die Nacht erste Adresse für alle schwulen und lesbischen Besucher und Einwohner Wiens ist. Sogar die Mehlspeisen, also Torten und Kuchen, wurden deutlich besser, und im Sommer bieten einige Dutzend Stühle Gelegenheit, zu staunen und sich bestaunen zu lassen.

Wenige Meter weiter stadtauswärts ist die Rosa-Lila-Villa, das Wiener schwul-lesbische Zentrum mit dem Restaurant »Willendorf«, witzigem Personal, einer ausgezeichneten Küche und modernem Ambiente. Hierhin verschlägt es seit einigen Jahren mehrheitlich die Frauen, die an manchen Abenden gut zwei Drittel der Gäste stellen. Hip und um gesehen zu werden ist die ebenfalls zwischen »Savoy« und »Villa« derzeit angesagteste Gay-Cocktailbar »Village« in der Stiegengasse. Ein bisserl eng, gerne auch mal von Fashion-Victims besucht, mit exzellenten Cocktails, supernettem Barteam und einer großen Fensterscheibe, um gesehen zu werden. Während der Woche eher gemächlich, dafür am Wochenende mit großer Power, bietet das »Felix« in der Gumpendorfer Straße seit sechs Jahren nicht nur eine große Weinkarte und unzählige Cocktails, sondern auch Brunch am Wochenende und abends einen Live-DJ. Dass ein solches Lokal gerade im 6. Bezirk prächtig gedeiht, hat viel mit dem Multikulti-Verständnis der Einwohner in den Bezirken innerhalb des Gürtels zu tun. Hier wird Fremdes nicht als etwas Fremdes, sondern höchstens als etwas Neues, in jedem Fall aber als Bereicherung gesehen.
Von der Innenstadt aus in Richtung Votivkirche befindet sich ein paar Jahren das Café Berg. Ja, tatsächlich in der Berggasse, in der auch die ehemalige Praxis eines gewissen Dr. Sigmund

1 Das »Café Savoy«: Treffpunkt von Gay Vienna. **2** Nette Jungs in der »Alten Lampe«. **3** Im Winter können Besucher vor dem Rathaus auch Eislaufen.

Freud beheimatet ist. Und gerade Homosexualität war ja für die Psychoanalyse immer ein dankbares Thema, weshalb die Lage gut gewählt ist. Zwischen 10 und 15 Uhr bietet das hell und freundlich gestaltete Café tolles Frühstück und jeden Tag ein wechselndes Mittagsmenü. Und all jene Schwulen und Lesben, denen es unangenehm ist, wenn sie beim Konsum von Literatur und Vergnügen erwischt werden, gibt es einen direkten Zugang vom Cafe in Wiens größte schwul-lesbische Buchhandlung »Löwenherz«.

Erstaunlich ist für viele Wienkenner, dass sich so viele kleine Bars etablieren konnten. Es braucht nicht immer Dutzende von Tischen. Auch in kleinen Räumen kann der Spaß ganz groß sein. Das bestätigt jeder, der mal im »BaKul« in der Margaretenstraße oder im »Rifugio« in der Schönbrunner Straße (beide 5. Bezirk) war oder ein Getränk im »Schik« oder der »Mango Bar« bestellt hat. Der 5. und der 6. Bezirk glänzen sowieso mit dem breitesten schwul-lesbischen Angebot. Vom bei Lesben beliebten Café Standard in der Margaretenstraße über die »Wiener Freiheit«, in dem man das Tanzbein schwingen kann, bis zu den schwulen Clubbingangeboten im »Camera Club« in der Neubaugasse, dem »Viperroom« oder der ältesten schwulen Disco Wiens, dem »Why not«. Im Zentrum der ehemaligen k.u.k. Metropole gelegen, trifft sich am Tiefen Graben auch heute noch die tanzwütige Schar unter 45.

Und zum Abschluss hier noch eine Restaurantempfehlung: Reservieren Sie sich einen Platz im »Motto« im 5. Bezirk oder im neuen »Motto am Fluss« direkt auf dem Donaukanal am Schwedenplatz und lassen Sie sich von tollen Drinks und exzellenter Küche mit einem Blick auf die schönsten Kellner der Stadt bezaubern. Es lohnt sich.

Adressen

Alte Lampe, Heumühlgasse 13 (U4: Kettenbrückengasse), Tel. 0-1-587 34 54.
Café Rifugio, Schönbrunner Straße 10 (U4: Kettenbrücken-gasse), Tel. 0699-10 977 891.

Felix Bar, Gumpendorfer Straße 5 (U2: Museumsquartier), Tel. 0664-280 84 39.
Mango Bar, Laimgrubengasse 3 (U4: Kettenbrückengasse), Tel. 0-1-587 44 48.
Schik, Schikanedergasse 5 (U4: Kettenbrückengasse), Tel. 0-1-208 31 97.
Village, Stiegengasse 8 (U4: Kettenbrückengasse), Tel. 0676-384 89 77.
Café Berg, Berggasse 8 (U2: Schottentor), Tel. 0-1-319 57 20.
Motto, Schönbrunner Straße 30 (U4: Pilgramgasse), Tel. 0-1-587 06 72.
Willendorf, Linke Wienzeile 102 (U4: Pilgramgasse), Tel. 0-1-587 17 89.
Why Not, Tiefer Graben 22 (U3: Herrengasse, U2: Schottentor), Tel. 0-1-920 47 14.
Wiener Freiheit, Schönbrunner Straße 25 (U4: Ketten-brückengasse), Tel. 0-1-913 91 11.
Heaven@Camera Club, Neubaugasse 2/Mariahilfer Straße (U3: Neubaugasse), Tel. 0699-17 444 00.

Fitness

Wer sich während seines Wien-Besuchs fit halten will, sollte den Top-Klub »John Harris« aufsuchen. Muskeltraining, Wellness, Aerobic in modernstem und äußerst stilvollem Ambiente am Schillerplatz (Nibelungengasse 5, U2: Museumsquartier) und am Margaretenplatz (Strobachgasse 7–9, U4: Pilgramgasse). Der letztgenannte Klub verfügt auch über einen traumhaften Pool. Kolossales Kursangebot: T-Bow, Oriental Dance, Dance to the 70s and 80s, 6-Pack & Stretch, Cross Country Spin. Schöne Leute. Tageskarten. www.johnharris.at

Register

Sachregister

Personenregister

Impressum

Die Autorin

Karin Hanta, gebürtige Wienerin (ganz rechts im Bild), ist gelernte Dolmetscherin und spricht fünf Sprachen fließend. Deshalb publiziert sie nur über Länder, in denen eine gute Unterhaltung zustande kommt. Von ihrem Heimatstandort in Neuengland aus besucht sie Nord- und Südamerika sowie den europäisch-angelsächsischen Raum und deutsch- und französischsprachige Länder. Sie veröffentlicht in Zeitschriften wie »Abenteuer und Reisen« und dem österreichischen »Diners Club Magazin« sowie in Buchverlagen. Im Bruckmann Verlag erschienen von ihr bereits »Zeit für New York« und »Zeit für London«.

Der Fotograf

Rainer Hackenberg, geboren 1955, Grafiker und Werbefotograf, ist seit 1986 selbstständiger Fotojournalist in Köln. Er arbeitet für renommierte Reiseführerverlage und Reisemagazine und veröffentlichte zahlreiche Bildbände. Seine Heimatmetropole Wien liebt er noch immer. Im Bruckmann Verlag erschien von ihm der Bildband »Highlights Ägypten«.

Einbandfotos

Vorderseite: gr. Bild: »Cafe Central« im »Palais Ferstel« (Rainer Hackenberg), o. v. l. n. r.: Verkäufer von Konzertkarten vor dem Michaelertor; das berühmte Riesenrad auf dem Prater; Fiaker vor dem Danubiusbrunnen.
Rückseite: v. l. n. r.: Das »Café Sperl« im 6. Bezirk; Fiaker in der Innenstadt beim Kartenspiel; Heidentürme vom Stephansdom und Fassade des Haas-Hauses.
Alle Umschlagfotos stammen von Rainer Hackenberg.

Bildnachweis

Alle Bilder stammen von Rainer Hackenberg, außer: dpa/Picture-Alliance, Frankfurt a. M.: S. 1 (Hochmuth, G.), S. 13 r. (Schafler, A.), S. 94 o. (Champol), S. 97 r. (akg-images), 185 r. (Hochmuth, G.).

Die Autorin und der Fotograf danken für die freundliche Unterstützung:

Alle Angaben dieses Bandes wurden von der Autorin sorgfältig recherchiert und vom Verlag auf Stimmigkeit und Aktualität geprüft. Allerdings kann keine Haftung für die Richtigkeit der Informationen übernommen werden.
Für Hinweise und Anregungen sind wir dankbar. Zuschriften bitte an:
Bruckmann Verlag
Produktmanagement
Postfach 400209
D-80702 München
E-Mail: lektorat@bruckmann.de

Produktmanagement:
Joachim Hellmuth, Stephanie Iber
Textlektorat: Linde Wiesner
Grafische Gestaltung:
Gaby Herbrecht, Mindelheim
Karte: Astrid Fischer-Leitl, München
Herstellung: Bettina Schippel
Repro: Repro Ludwig, Zell am See
Printed and bound in Italy
by Printer Trento

Die Deutsche Nationalbibliothek verzeichnet diese Publikation in der Deutschen Nationalbibliografie; detaillierte bibliografische Daten sind im Internet über http://dnb.d-nb.de abrufbar.

Unser komplettes Programm:
www.bruckmann.de